René Heilig - Knut Holm

W0108316

Signal

Bischofferode

Mit einem Vorwort von Erik Neutsch

UMSCHLAGGESTALTUNG:
HEINZ BEHLING

ISBN 3 - 928999 - 26 - 5
REDAKTIONSSCHLUSS: 23. AUGUST 1993
COPYRIGHT 1993 BY SPOTLESS-VERLAG
(Noch nicht im Handelsregister eingetragen)

SO GUT WIE EIN VORWORT

ERIK NEUTSCH
HALLE/SAALE

An die kämpfenden Frauen und Männer des Kalischachtes Bischofferode

Liebe Kolleginnen und Kollegen,
auch ich versichere Euch meiner Solidarität, indem ich zugleich Euren außergewöhnlichen Mut bewundere. Wie vielleicht manche von Euch wissen, bin ich Schriftsteller, Autor u. a. des Romans "Spur der Steine". Vor einigen Tagen erinnerte ich mich, daß sich im kommenden Jahr der Aufstand der schlesischen Weber zum 150. Male jähren wird, dem Heinrich Heine eines seiner bekanntesten Gedichte widmete.

Als ich erfuhr, daß SPOTLESS ein Bändchen über Euren Kampf herausgibt, machte ich mich daran, es aus gegebenem Anlaß auf meine Weise zu zitieren:

DIE EICHSFELDER BERGLEUTE

Mit düstern Augen, Schmerz im Magen,
Sie hungern seit Wochen und wollen nur sagen:
Deutschland, du webst uns ein Leichentuch,
Doch höre zuvor den dreifachen Fluch -
    Wir hungern, wir hungern!

Ein Fluch der Treuhand, die wir gebeten
Um Arbeit und Hilfe in unseren Nöten:
Wir haben vergebens gehofft und geharrt,
Sie hat uns geäfft, gefoppt und genarrt -
    Wir hungern, wir hungern

Ein Fluch dem Kanzler, dem Kanzler der Reichen,
Den unser Elend nicht konnte erweichen ,
Der statt dessen umwirbt die Konzerne West
Und uns wie Hunde verrecken läßt -
    Wir hungern, wir hungern!

Ein Fluch dem falschen Vaterlande,
Wo weit gedeihen Schmach und Schande,
Wo jede Blume früh geknickt,
Wo Fäulnis und Moder die Hoffnung erstickt -
    Wir hungern, wir hungern!

Und mit uns die Frauen, tief im Schacht,
Weinen vor Wut auf den Mißbrauch der Macht -
Alt-Deutschland, du webst ein Leichentuch,
Wir aber, wir weben hinein den Fluch,
    Wir hungern und - hungern?

FAHRT NACH BISCHOFFERODE

Der Tag beginnt wie viele andere: Die Sonne treibt ihre ersten Strahlen über die waldigen Gipfel und die kahlen Spitzen der Halden. Der Tag ist noch jung, die Straßen fast leer, ein Hauch von Romantik leuchtet von den hellen Fassaden der Fachwerkhäuser.

Plötzlich, eine ungewöhnliche Szene: Zwei Übernächtigte schrubben an einem Ortsschild. Dem einen hängt der Schlaf tief noch im Gesicht, der andere atmet Alkoholdunst aus. Wer mag sie aus dem Bett geholt haben? Einsilbige Antworten, erst mürrisch, dann sogar aggressiv.

Ein Auto hält. Die beiden winken und zeigen auf uns. Der Fahrer hat es eilig, auszusteigen und Fragen zu stellen, die uns ratlos machen: "Haben sie das angeklebt? Wir stellen Strafanzeige wegen Sachbeschädigung! Sind sie sich darüber irn Klaren?"

Wir schütteln guten Gewissens die Köpfe, doch der Mann ereifert sich noch mehr. Sein Gesicht rötet sich, Wut wallt in ihm auf, die nächste Frage wird schärfer gestellt: "Und was treiben Sie hier?"

Wir, noch immer gelassen: "Wollten nach dem Weg fragen."

"Ausrede", poltert der Vernehmer und erhält Schützenhilfe von den beiden verdrossen Schrubbenden. "Kein Wort wahr!" behauptet der Übernächtigte, der Kumpan lallt böse: "Die waren's. Ich schwör's". Das "ö" ist so lang wie die Straße vor uns bis zur nächsten Kurve ins Dorf.

Unsere Geduld ist erschöpft. "Um was geht es eigentlich? Was nehmen Sie sich heraus?"

"Der Bürgermeister!" informiert uns der Trunkene. Das "r" hinter dem "ü" macht ihm zu schaffen.

Amtspersonen sind durch scharfes Ansprechen leicht einzuschüchtern, was ein verkleideter Schuster schon vor einem knappen Jahrhundert der Welt demonstrierte. Der Bürgermeister vor uns, die Krawatte hat er ähnlich hastig umgebunden, wie sein Amtskollege in Köpenick damals, blinzelt verunsichert und lenkt ein. Er kann auch ganz normal sprechen:

"Die Ortsschilder in der Gegend sind letzte Nacht überklebt worden. Wir wurden benachrichtigt. Nach möglichen Tätern soll Ausschau gehalten werden." Er sagt das mit einem Gesicht, das wahrlich an den preußischen Amtmann aus dem berühmten Köpenick-Film erinnert.

Das Schrubbwerk geht indes nur mühsam voran. Das mag dem zähen Kleber zuzuschreiben sein, den die "Attentäter" verwendeten, aber auch der erschlaffenden Energie des Duos. Um was geht es eigentlich? Verbotene Werbung? Staatsgefährdende Losungen? Bei genauem Hinsehen entziffern wir die schon arg verschrubbten Buchstaben: "Bischofferode ist überall".

"Aber hier nicht?" frage ich das Ortsoberhaupt. Das Gesicht offenbart, daß er mich nicht verstanden hat. Seine Sicherheit nimmt ab, seine Höflichkeit zu: "Wie meinen?"

"Also weder Bischofferode noch überall?"

Die Harmlosigkeit der Frage läßt ihn aufatmen: "Bei Gott, nein!"

Und um deutlich zu machen, daß er mit dem weltweit ins Gerede gekommenen Ort nicht das geringste zu tun hat, weist er zum Horizont: "Noch gut vierzig Kilometer!" Daß es noch so weit ist, macht ihn sichtlich glücklich. Allein der Gedanke, er könnte Bürgermeister des Rebellenortes sein, erscheint ihm unvorstellbar.

Hundert Meter weiter, auf der anderen Straßenseite, spannt sich ein zitronengelbes Spruchband am Zaun eines Autohändlers entlang. Man vermutet "Besonders günstige Finanzierung", sieht genauer hin und liest: "Solidarität mit Bischofferode! Aktionstag 1. August!"

Der arme Bürgermeister. "Muß das auch ab?" frage ich behutsam. Resignierend hebt er die Schultern und wendet sich wieder dem staatlicher Obrigkeit unterstehenden Ortsschild zu.

"Nun mal los!", treibt er die beiden an.

Die Sonne hat die Gipfel und Spitzen erklommen und gießt Sommerlicht in die Landschaft. Frische Farben rundum. Bis auf die Buchstaben, die man verschwinden lassen will. Wir sagen dem Bürgermeister Valet.

Es ist noch früh. Der Aktionstag soll gegen zehn beginnen. Zeit für eine Rast, und Muße, in Büchern zu blättern. Reiseliteratur.

Wir rollen bis vor eine Imbißbude, für deren Errichtung wohl kein Kredit aufgenommen werden mußte und in deren Umgebung demzufolge auch kein teures Schild den "Aufschwung Ost" preist. Die Kaffeemaschine dampft schon, die Brötchen - als "Sandwich" ausgeschildert - haben mindestens eine Nacht in ihrer Vitrine hinter sich.

Ein Blick auf die Karte. Die Türme, denen die Sonne jetzt besonders scharfe Konturen zeichnet, könnten zu Mühlhausen gehören. Bevor die zähen Sandwich-Schrippen auf einen Pappteller gehievt werden, blättere ich im Reiseführer: "Mühlhausen, Geschichte: Germanisches Dorf, nach 531 fränkische Siedlung, erste urkundliche Erwähnung 775 'villa', Burg (Kaiserpfalz), um 1200 bereits als Reichsstadt erwähnt. Die Zerstörung der Kaiserpfalz durch die Bürgerschaft bedeutete das Ende der feudalen Stadtherrschaft und den Beginn der städtischen Selbstverwaltung. Seit 1420 war Mühlhausen Mitglied der Hanse. Unter Führung H. Pfeiffers erhoben sich 1523 die Bürger gegen den patrizischen Rat, 1524/25 war Mühlhausen ein Zentrum der Bauernkriege..."

Das Gebackene - gleichgültig ob als Brötchen oder Sandwich tituliert - muß vor weit mehr als 48 Stunden aus einem Ofen gezogen worden sein, dem Belag möchte man noch weit mehr zubilligen. Der Preis berücksichtigt, daß Ort und Stunde ein Monopol sichern - keine Konkurrenz weit und breit. Der Kaffee - nicht immer nörgeln!

Kehrt in die Vergangenheit: Mühlhausen, Bauernkrieg.

Bischofferode?

Unser Ziel ist der Thomas-Müntzer-Schacht. Nachschlagen, wer auf die Idee kam, der Grube den Namen eines Bauernführers zu geben. Auch Prediger, und das Land rundum ist ob seiner Gläubigkeit bekannt. In der Chronik muß man sich durch viele Seiten lesen...

Die Geschichte des Schachtes begann am 4. Januar 1909: Erster Spatenstich. Damals waren Festzelte für solche Anlässe noch nicht in Mode, Obrigkeit kaum anwesend. Der "Eichsfelder Anzeiger" hatte schon am 28. Oktober 1908 mitgeteilt, daß "Die Nordhäuser Schachtbaugesellschaft... mit dem Abteufen eines in unsere Gemarkung fallenden Kalischachtes... beauftragt worden ist." Auftraggeber sei eine Aktiengesellschaft Bismarckshall. Gegründet am 15. Januar 1905 in Essen, die Aktionäre waren nicht knauserig gewesen mit den Einlagen. Der Geheime Bergrat und Bankdirektor Dr. Viktor Weidtmann aus Elberfeld legte einen Scheck auf den Tisch, auf vier Millionen Mark ausgestellt. Kali war das Gold des ersten Jahrhundertjahrzehnts. Es verhieß solide Dividenden. Als man im ersten Bismarckshall-Schacht im Bördeort Samswegen die ganz großen Hoffnungen nicht erfüllt sah, schickte man Bohrtrupps nach Süden ins Eichsfeld. In Bischofferode nannte man den Schacht zunächst nach dem Hauptaktionär Weidtmann. Wer vermag auszumalen, was dem widerfahren wäre, der für den Namen Müntzer plädiert hätte?

Die Akten überliefern, daß es vom ersten Tag an Ärger zwischen den unter Tage Schuftenden und den über Tage Kommandierenden gab. Der Königliche Bergrevierbeamte ließ schon knapp fünf Wochen nach Abteufbeginn Mängelrügen ins Zechenbuch eintragen: Nur drei Aborte für 110 Mann, die Schalttafel der Elektrozentrale nur ungenügend gesichert und manches mehr.

Am 3. Juni 1910 war bei genau 600 und einem halben Meter die ersehnte Kalischicht erreicht, nachdem man Buntsandstein, Ton, jüngeres Steinsalz, Anhydrit und älteres Steinsalz durchbohrt hatte. Was man dort unten dann vorfand, war vielversprechend, Kali von hoher Qualität. Warum man eilig einen zweiten Schacht teufte, enthüllt das Protokoll der Aufsichtsratssitzung: "Da, nach den Lagerungsverhältnissen im Schacht Bismarckshall zu schließen, mit dem zweiten Schacht höchstwahrscheinlich gute Salzvorkommen aufgetan werden, so sind die Vorarbeiten zum Abteufen des zweiten Schachtes gutzuheißen. Um sicherzugehen, daß dem zweiten Schacht eine selbständige Quote zugebilligt wird, muß nach außen hin betont werden, daß das Abteufen desselben lediglich unter dem Zwang der Bergbehörde geschieht."

Ein recht aufschlußreiches Zitat: Schon in der Geburtsstunde übte man sich im Manipulieren.

Es galt die Konkurrenz auszustechen. Bald darauf, 1910, kamen die Kalibosse zusammen und gründeten ein "Syndikat", das die Quoten regelte, lästige Konkurrenz niederhielt und den freien Markt hemmungslos regulierte! Es war keine "Fusion", aber immerhin...

Als im ersten Weltkrieg immer mehr Kumpel die Salzschaufel mit dem Karabiner vertauschen mußten, löste man das Arbeitskräfteproblem durch einen Brief, den der Grubendirektor am 28. April 1917 an die staatlichen Behörden schrieb: "Wir bitten um Genehmigung, weibliche Arbeitskräfte beim Abziehen und Aufziehen der Förderwagen auf der Hängebank... beschäftigen zu dürfen... Die Beschäftigungszeit wird nicht mehr als täglich 12 Stunden betragen." Die Behörde beeilte sich, Zustimmung zu erteilen!

Überliefert ist auch der Brief des Generaldirektors Rosterg vom 3. Januar 1918 an den Prokuristen Hagemann: "Ich möchte wissen, wie hoch Sie den Gesamtbetriebsüberschuß der AG Bismarckshall schätzen und wieviel Sie für Abschreibungen für notwendig halten. Darauf ist von vornherein Beacht zu nehmen, daß unter allen Umständen der Gewinn soviel wie möglich zusammengestaucht wird, um erstens keine Kriegssteuern zu zahlen, zweitens möglichst auch andere Steuern nicht zu bezahlen und drittens die Aktien nicht bis in wer weiß welche Höhen zu treiben".

Des Prokuristen Antwort: Bilanz "schließt mit Plus-minus-Null ab."

Generaldirektor Rosterg hatte damals sein Büro in der Hohenzollernstraße 139 in Cassel und verfügte von dort aus am 2. Februar 1921, "den größten Teil der Belegschaft zu entlassen."

Die Grubenselbstkosten waren zu hoch, was die Dividende sinken ließ. Deshalb wollte das Unternehmen die Vorkriegsarbeitszeit wieder einführen, aber die Kumpel in Bischofferode wehrten sich. Vergeblich. Am 21. Dezember 1923 erhielten alle den Brief, wonach sie für den 27. Dezember gekündigt seien. Man beachte die Daten: Drei Tage vor dem Heiligen Abend die Benachrichtigung! Das war wider die Gesetze und die an den Rechtsstaat Weimarer Republik glaubenden Arbeiter zogen vors Arbeitsgericht. Das befand: "Die

Gesamtkündigung ist ein Mittel in wirtschaftlichen Kämpfen zwischen Arbeitgebern und Arbeitnehmern mit dem Zweck, die Stillegung des Betriebes herbeizuführen, wenn ein bestimmtes Ziel - Verlängerung der Arbeitszeit - durch freiwillige Vereinbarung nicht erreicht werden kann." Wenn dieses Urteil den die "Fusion" heute mit solchem Eifer Betreibenden in die Hände fiele, könnten sie Lust verspüren, es ins Feld zu führen! Oder ist es ihnen etwa schon in die Hände gefallen?

Das Lesen dieser Akten in dem von Freunden aus einem Container gezerrten Buch, verlängert die Pause vor der Hütte. Aber so, wie der Tourist wissen will, was es eigentlich mit dem Orakel von Delphi auf sich hat, bevor er in den Bus nach Griechenland steigt, stöbern wir uns durch die Geschichte des Schachtes in Bischofferode, vor dem heute die Übertragungswagen zahlreicher Fernsehgesellschaften parken und ihre Sendeschüsseln so drehen, daß man weltweit sehen kann, was sich dort tut. Es ist weniger das Sommerloch, das dazu trieb, sondern das Staunen über eine Kumpelschar, die sich nicht mit Widerspruchschreiben oder eine Trutzfahrt vor die Treuhandburg in Berlin begnügt und dann friedfertig den Schein für das Arbeitsamt entgegennimmt, sondern protestierend in den Hungerstreik tritt und den Fernsehreportern auf die Frage nach dem Motiv, die eigene Gesundheit aufs Spiel zu setzen, antwortet: "Wir haben sonst nichts mehr aufs Spiel zu setzen!"

Das Staunen ist groß: Zwei Millionen akzeptierten Arbeitslosigkeit und die dazu gelieferten Sprüche von der maroden, auf dem Markt chancenlosen Wirtschaft und dann plötzlich 700, die den Kampf aufnehmen. Einen im Grunde aussichtslosen Kampf, aber ihn zu beginnen, reicht immerhin aus, um Schrecken in Chefetagen zu verbreiten, Minister aufzuscheuchen, Fernsehdirektoren zu veranlassen, Programme zu ändern und am 1. August 1993 rund zehntausend Menschen zu bewegen, nach Bischofferode zu fahren, das die Chauffeure zunächst mühsam auf den Straßenkarten suchen müssen.

Dabei haben schon die Väter der Kumpel immer wieder die Erfahrung sammeln müssen, daß die Macht der Grubendirektoren grenzenlos ist. 1925 pries Direktor Beil auf der

10

Aktionärsgeneralversammlung, daß die Zahl der Arbeitskräfte von 22 000 auf 9 000 reduziert wurde und die Selbstkosten dadurch um 50 Prozent gesenkt wurden. Die Folge: Rosterg verkündete stolz, daß man eine Dividende von 15 Prozent zu zahlen gedenke. Jubel im Saal!

Da ich das lese und einen Kaffee bestelle, für den ich den dreifachen Preis zu zahlen bereit bin, wenn wenigstens die doppelte Menge Extrakt in die Tasse gefüllt würde, grübele ich, wie die Bismarckshall AG denn je zu so überhöhten Arbeiterzahlen gelangen konnte, da ich doch täglich lese, nur die dümmlichen Sozialismusexperimenteure waren außerstande, die richtigen Relationen zwischen Arbeitskräften und Arbeitsproduktivität herzustellen. Ebenso wie ich nicht begreife, daß Konzerne in Konkursuntiefen stranden. Sie haben doch so fähige Manager!

Der Kaffee kommt, die Gedanken werden wieder klarer, nehmen leichter auf, was dann geschah: Die Weltwirtschaftskrise der frühen dreißiger Jahre sorgte in Bischofferode für die Konjunktur eines eigentlich absurden Begriffes: Feierschicht. Gab es etwas zu feiern? Im Gegenteil: Die Förderkörbe standen still. Die Kumpel wurden gezwungen, auf Arbeit und Lohn zu verzichten, was für niemanden Anlaß zum Feiern sein konnte.

Schon bald änderte sich das jedoch wieder. Der Generaldirektor des schon erwähnten deutschen Kalisyndikats, ein gewisser Diehn, wurde 1933 von Hitler in den "Generalrat der deutschen Wirtschaft" berufen. Die Kalibosse marschierten fortan in Reih und Glied, und Rosterg pries den Aufschwung und die Humanität des Unternehmens: "Zur Linderung der sozialen Not... hat ohne zwingende betriebliche Gründe meine Gesellschaft das in Betriebsruhe befindliche Werk Bismarckshall mit einer Belegschaft von 200 Mann wieder in Betrieb genommen und die Zahl der Arbeiterbelegschaft nach und nach auf 312 erhöht." Allerdings war zuvor verfügt worden: "Bei der Einstellung von Arbeitern ist die erforderliche Vorsicht zu üben. Entbehrliche Leute sind zu entlassen; in erster Linie Kommunisten, auch Sozialdemokraten."

Am 10. April 1945 endete in Bischofferorde die Naziherrschaft: Kalikumpel Julius Hotze, Mitglied einer Widerstandsgruppe nahm sein Kind an die eine und eine weiße Fahne in die andere Hand und ging den heranrückenden US-Truppen entgegen. Die werteten das als ordentliche Kapitulation, besetzten das Werk, beschlagnahmten Waffen, bestimmten die Unterkünfte der zuletzt im Schacht eingesetzten Kriegsgefangenen als Sammellager für Ausländer, unternahmen aber nichts, um die Kaliförderung wieder aufzunehmen. Rund 100 der 520 Mann zählenden Belegschaft sorgten wenigstens für die nötige Instandhaltung der Grube.

Am 4. Juli 1945 rückte die Rote Armee vor die Tore des Schachtes, und nach glaubhafter Überlieferung ließ ein Offizier den Direktor kommen, wies mit ausgestrecktem Arm zum Förderturm und formulierte seinen Befehl in sechs knappen Worten: "Da Rad - in acht Tagen laufen!"

Der Direktor übertrug die Order ins Amtsdeutsch und schrieb in einem Brief an die Wintershall-Direktion nach Kassel: "Am 5. April hatten wir eine Rücksprache mit dem Divisionsgeneral, der der Erwartung Ausdruck gab, daß der Betrieb in acht Tagen umgehe."

Ende Juli begann sich das Förderrad über der Grube wieder zu drehen, aber die Förderproduktion konnte erst im Herbst aufgenommen werden.

Am 1. September 1946 ging das Kaliwerk Bismarckshall in sowjetisches Staatseigentum über. Kein Willkürakt, sondern Resultat des Potsdamer Abkommens. Das von der "Sowjetischen Aktiengesellschaft" geförderte Kali wurde zur Tilgung der in der Sowjetunion entstandenen Kriegsschäden abgebucht - Wiedergutmachung, von Attlee, Truman und Stalin vereinbart.

Im Kasseler Revier wurde indessen weiter um der Dividenden willen Kali gefördert. Ohne diese Feststellung kommt man nicht aus.

Ich klappe das Buch zu: Die jüngere Geschichte ist noch in Erinnerung: Rückgabe der Betriebe, Umwandlung in Volkseigentum. Wie immer jeder das bewerten mag, unstrittig wechselten die Betriebe die Besitzer und setzten die Gewohnheiten der sowjetischen Direktoren fort, was soziale Maßnahmen betraf. Die Begriffe Kinderferienlager, Urlauberheime, Wohnungsbau sind noch nicht in Vergessenheit geraten.

Und dann ein anderer Sprung zurück in die Geschichte: Im Juli 1953 wird der Schacht nach Thomas Müntzer benannt. Schluß für immer mit Bismarckshall und Weidtmannshall?

Zwischendurch ein Blick auf die Karte: Das Bergmassiv zur linken wird durch das klotzige Denkmal des Kaisers Barbarossa markiert: Kyffhäuser. Wir sind schon wieder bei Müntzer: Am Fuße dieses Berg erfüllte sich sein Schicksal...

Man schrieb den Mai 1525. Der Bauernkrieg tobt in Deutschland. Luther trennt sich von dem ihm zu revolutionären Müntzer, der im nahen Allstedt in seiner berühmten Fürstenpredigt für die Volksreformation plädiert, die humane aber utopische Ziele fordert. Bauern sammeln sich unter seiner Fahne, bereit, das von den Fürsten geschundene Leben für eine bessere Zukunft zu wagen. Ein Haufe zieht durch Thüringen, berennt Burgen und Grafenschlösser, will allen Ernstes die Herrschenden stürzen, damit die Macht - wie Müntzer predigt - dem "gemeinen Manne" übergeben wird.

Müntzers "Werrahaufe" hat "das land uff 10 meyl umb Mollhawsen eyngenommen" (auf zehn Meilen um Mühlhausen eingenommen), setzt darauf, daß sich die Städte im Südwesten Thüringens der Bewegung anschließen und Mühlhausen Zentrum der Bewegung wird. Aber Zwist breitet sich aus unter den Hauptleuten. Der eine will Beute machen in reichen Schlössern, der andere die Zukunft behutsam angehen. Dabei gerät Müntzer mit dem angesehenen Bauernführer Hans Pfeiffer in Streit. Die mit ihren gut gerüsteten Armeen anrückenden Fürsten hören davon, erkennen die Gelegenheit, sich Müntzers endlich zu entledigen. Der gerissene Phillipp von Hessen erobert Fulda und Hersfeld und wendet sich ohne Säumen gen Mühlhausen. Er weiß, daß beharrlich geschürter Streit unter den Bauern alles entscheiden kann. Deshalb rekrutiert er nicht nur Landsknechte, sondern auch Bauern, denen er aufträgt, sich in die Müntzerschen Haufen zu schmuggeln und dort zu verbreiten, man werde die armen Landleute schonen, wenn sie den Müntzer ausliefern. Am Morgen des 14. Mai 1525 bezieht der Hesse Stellung vor Frankenhausen und ist sicher, die unschlüssigen Bauern mit einem zügigen Angriff überrennen zu können. Also treibt er seine Reisigen sofort zum Angriff. Doch die

Bauern sind längst keine wilden Haufen mehr. Aus einer sicheren Wagenburg dezimieren sie die anrennenden Söldner. Am Abend weiß Phillipp, daß er eine böse Niederlage erlitten hat. Die Freude über den Sieg eint zwar die Müntzerschen Scharen im Jubel, doch ist die Gefahr keineswegs gebannt. Weder die von außen drohende, noch die in den eigenen Reihen schwelende.

Kurfürst Georg von Sachsen rückt heran, vereinigt sich mit dem Hessen und schließt den Ring um Frankenhausen. Die Niederlage hat die Fürsten vorsichtig werden lassen. Ihre Truppen biwakieren, und sie treffen sich, um den für alle verbindlichen Schlachtplan zu entwerfen.

Müntzer will die so entstehende Pause nutzen, um den wieder aufgeflammten Streit mit einigen Hauptleuten zu beenden und Stellung auf dem strategisch wichtigen Hausberg zu beziehen. Man formiert als erstes eine Wagenburg.

Zum Plan der Fürsten gehört ein Angebot an die Bauern, sie friedlich ziehen zu lassen, wenn sie "den falschen Propheten Thomas Müntzer samt seinem Anhang" ausliefern. Das will beraten sein. Die Wagenburg bietet zu wenig Platz für eine Versammlung aller. Die Fürsten gewähren großzügig Waffenstillstand. Also verläßt man den sicheren Platz, um das Angebot zu erörtern. Müntzer ruft zum Kampf: "Dran, dran, solange das Feuer heiß ist!" - und versichert den Zweifelnden, Gott sei auf der Seite der Bauern. Welch Glück für ihn, daß sich plötzlich vor aller Augen ein prächtiger Regenbogen am Himmel wölbt. Den halten sie für ein Zeichen des Himmels. Sie stimmen den Choral "Herr, erbarme dich!" an und wollen in die Wagenburg zurück, um die fürstlichen Landsknechte zu erwarten. Doch der Augenblick ist durch das Palaver schon verpaßt. Auf freiem Feld schlagen die ersten Geschützkugeln ein. Das den Waffenstillstand skrupellos brechende Fürstenheer stürzt sich auf den ungeordneten Haufen und richtet ein furchtbares Blutbad an. 6000 Bauern werden hingemetzelt, 600 gefangen, darunter Thomas Müntzer. Ihn bringt man auf Burg Heldrungen und foltert ihn martialisch. Dann schleppt man den Geschundenen vor seinen ärgsten Feind, den Grafen Ernst von Mansfeld. Der Prediger fleht nicht um Gnade, sondern nennt seinem Peiniger den Grund für die Niederlage: Zu viele Bauern hatten mehr den eigenen Nutzen als die "rechtfertigung der christenheyt" im Sinn. Sein Wahlspruch "Omnia sunt communia" (Alles ist allen, alles ist gemeinsam) bleibe wahr, nur seien die Menschen noch nicht reif dafür.

Am 25. Mai wird er vor den Toren Mühlhausens enthauptet.

Der 1. August 1993 ist kein Tag für Regenbogen, der Himmel klar, nur einige Wolken dunkeln aus der Ferne.

Die Straße nach Bischofferode wird eng, Halden türmen sich rechts und links.

Der Regenbogen ist bekanntlich nichts anderes, als die Lichterscheinung, die entsteht, wenn Sonnenlicht in einem bestimmten Blickwinkel auf Regentropfen trifft und dadurch in die Farben des Sonnenspektrums zerlegt wird.

Der noch immer stille Morgen läßt Zeit, darüber zu grübeln, was wohl geschehen wäre, wenn Sonne und Regen an jenem 15. Mai 1525 um Stunden früher am Himmel aufeinandergetroffen wären: Die Bauern, zum Kampf entschlossen, durch den Sieg moralisch gestärkt, hätten die fürstlichen Landsknechte in ihrer sicheren Stellung erwartet...

Eine Laune des Wetters, die 6000 Menschen das Leben kostete und zum Ende der Müntzerschen Bewegung führte. Der Regenbogen zwei Stunden früher, und die Fürsten wären zu spät gekommen...

So konnten sie aufatmen. Luther hatte sich mit ihnen arrangiert, und der Allstedter Unruhestifter war verscharrt. Ein Sieg der Bauern bei Frankenhausen hätte der Geschichte wohl keinen anderen Lauf gegeben, aber Müntzers Sache wäre nicht auf so furchtbare Weise geendet.

Nur noch ein paar Kilometer bis Bischofferode, Zeit genug, um sich zu besinnen: Müntzers Kampf war nahezu aussichtslos, aber er ging in die Geschichte ein. Auch fast Aussichtsloses muß ausgefochten werden! Und wenn nur, um Signale zu setzen.

Vor uns ein Wagen aus Wismar. Dort wird das Kali auf Schiffe verladen. Solange in Bischofferode noch gefördert wird...

Der Tag ist acht Stunden alt, als wir den Schacht erreichen, dessen Name über Nacht zum Begriff wurde. Aus dem Autoradio die Morgennachrichten. Finanzminister Waigel schickt dem Solidaritätstag Klartext voraus: Arbeitsplätze können in der freien Marktwirtschaft durch nichts garantiert werden. Das geht nur in der Planwirtschaft. Die aber - sagt er, nicht ohne Hohn in der knarrigen Stimme - ist gescheitert.

Auf dem Werkhof wird gebetet. Kein Regenbogen am Himmel, kein anderes Zeichen Gottes. Der steinerne Thomas Müntzer blickt weit ins Land, Blumen zu seinen Füßen.

Gekämpft wird mit allen Mitteln: An einem Wagen kann man Tonbandkassetten der Firma Badische-Aninilin-und-Sodafabriken (BASF) abgeben und erhält dafür die eines anderen Herstellers. BASF ist die Mutter der künftigen Kali-Fusionsschwester und deshalb interessiert an der Schließung Bischofferodes. Das Kalisyndikat von 1910 soll restauriert werden, wie so vieles.

Dagegen steht die Solidarität! Zu studieren sogar an einem Bratwurststand. Im Wind bläht sich ein Transparent, das Auskunft über diejenigen gibt, die 1500 Bratwürste für diesen Tag stifteten: Die Baufirma R. Borcherdt aus Nesselröden, die Fleischerei Rhode jr. und das Modehaus Steinmetz aus Duderstadt. Man liest ein zweites Mal: Bauunternehmer, Fleischerei, Modehaus - eine interessante Front!

Nach den Zitaten aus der Bibel, Worte aus dem Herzen. Die Rednerliste ist viel zu lang, aber wer will schon schweigen, wenn er als Bote der Solidarität gekommen ist?

Der Brief, mit dem sich Frau Breuel entschuldigt, erntet Pfiffe. Christine Ostrowski, stellvertretende Vorsitzende des Bundesverbandes der Gerechtigkeitskomitees, weiß wovon sie redet, denn aus Solidarität steht sie seit zwei Wochen ebenfalls im Hungerstreik und wird ihn erst nach 26 Tagen beenden.

Stunden hindurch wird geredet, Solidarität bekundet. Manchmal kommen auch Töne des Mißfallens aus der Menge, aber der Jubel prägt den Tag.

Ein Autofahrer, der einen Polizisten umfährt, erregt weniger Ensetzen als Nachdenklichkeit. Wo immer solche Kämpfe ausgetragen werden, sind Provokateure nicht weit. Dieser vermochte mit seiner Amokfahrt niemanden auf seine Seite zu bringen, aber es könnten Klügere kommen, solche, die

Losungen in den Vordergrund hängen, mit denen Anliegen und Initiatoren in Mißkredit gebracht werden. Man möchte rufen: Vergeßt des Müntzers bittere Erfahrungen nicht!

Niemand ahnt in dieser Stunde, daß keine drei Wochen später in der Runde des Betriebsrats zum ersten Mal das Wort "Verräter" fallen, die an diesem Tag noch so festgefügte Reihe bröckeln wird. Die Physik lehrt: Druck erzeugt Gegendruck, aber Überdruck ist mit der besseren Moral allein nicht zu parieren...

Der große Tag senkt sich dem Abend zu. Die Puhdys stimmen ihre Instrumente. Nicht Nostalgie wollen sie verbreiten, versichern sie, aber an manches erinnern.

Wir wählen einen Heimweg abseits der überfüllten Straßen, kommen durch Gerblingerode. In einer Gastwirtschaft erinnert sich jemand: "Vor 60 000 Jubelnden hat Kohl hier vor drei Jahren gesprochen. Die Worte habe ich noch im Ohr: 'Krempelt die Ärmel hoch, packen wir es gemeinsam an. Diese Landschaft soll blühen.'"

Die Puhdys haben recht. Man soll sich erinnern!

Und man wird sich länger - vor allem mit anderen Gefühlen - an das Signal Bischofferode erinnern, als an die Worte Kohls.

485 Meter ragt der Sonnenstein über das Eichsfelder Land. Es heißt, der Berg sei einst Opferort gewesen. An Tagen der Sommersonnenwende hätten die Heiden ihrem Gott Wodan weiße Rosse und zuweilen auch Menschen dargeboten.

Unten im Tal liegt Bischofferode. Der Name steht für ein Opfer neuzeitlichen Götzenglaubens. Geopfert wird der Zeitenwende in diesem ostdeutschen Teil des größer gewordenen Landes. "Gott" Profit soll gesättigt werden, dafür will man den Schacht, den Ort, die Zukunft der gesamten Region hergeben.

Doch die Menschen im Tal besinnen sich auch einer anderen Sage. Auf dem Sonnenstein soll vor Jahrtausenden ein schier unbesiegbares Riesengeschlecht gehaust haben. Der letzte dieser Grobiane stieg im Rausch seiner Machtvollkommenheit hinab und schoß mit seiner Armbrust ein weidendes Pferd. Eines von den weißen, von den geheiligten. Ein weit Mächtigerer rächte den Frevel, verfluchte das Riesengeschlecht, legte es in Acht und Bann. In der folgenden Nacht stürzte die Burg auf dem Sonnenstein zusammen. Einfach so. Die Menschen drunten im Tal, dort wo heute Bischofferode ist, waren frei.

Eichsfelder sind empfänglich für Geschichte und Geschichten. Seit Generationen. Eichsfelder sind gläubige Leute, Leute, die gelernt haben, zu dulden, Demut zu zeigen, ihr Schicksal in die Hände anderer zu legen. Und sie haben gelernt, zu hoffen. Auf Ehrlichkeit, Güte, Verständnis. Das haben sie nie aufgegeben, nicht, als man Müntzers Bauernhaufen unweit in Frankenhausen niederwarf, nicht, als Elend Jahrhunderte hindurch den Alltag bestimmte, nicht, als neue, einst selbst verfolgte Mächte den Beginn einer besseren Welt verkündeten und Fabriken ins Land stellten, soziale Sicherheit garantierten, dafür aber dialektisch-materialistische Weltbilder verteilten, auf deren Leinwänden keine Farben der Toleranz und Freizügigkeit haften wollten.

Nun widersetzen sich Eichsfelder - kaum einer hatte es gerade hier erwartet - dem Diktat des großen Geldes. Mit Betriebsbesetzung und Hungerstreik. Abermals verraten und verkauft, hat das Vertrauen der Kalikumpel ein Ende. Hoch über dem Tor zum Müntzer-Schacht befestigten sie ein Spruchband: "Um uns selber müssen wir uns selber kümmern!"

Man las und begriff im Land. Unweit, in Suhl und in Kahla, hoch oben an der Küste, in Wismar und Rostock und Bremen. In den Industriezentren am Rhein erinnerte man sich eigener Hoffnungen, gewann neuen oder auch nur vergessenen Mut zurück, sammelte Geld, schickte Solidaritätsadressen und fuhr hin zu denen, die da kämpfen lernten. Und sei es nur zum Schulterklopfen, weil es die eigene nicht verdient.

Bischofferode kam in die Schlagzeilen. Zaghaft noch, als die Kalikumpel am 7. April ihr Werk besetzten. Bei laufender Produktion versteht sich. Die Kalibunker waren jederzeit gut gefüllt, kein Kunde mußte - ließ man die Arbeiter in ihrem Werke walten - unbeladen vom Hof. Höchstens, daß einer zu Hause angekommen, einen Aufkleber am Heck des Wagens entdeckte: Bischofferode ist überall!

Bischofferode wurde Spitzenmeldung, als Kumpel am 1. Juli mit einem Hungerstreik begannen. Wir hungern heute, damit unsere Familien nicht schon bald hungern müssen, sagten sie in Mikrophone der eilig angereisten Fernsehreporter. Bis zu einem Dutzend Übertragungswagen rangierten sich vor den Speiseraum, der - welch bitterböse Ironie - zur Geißelstätte der Hungerstreikenden geriet, ein. NTV und Vox spendierten den Kumpeln sogar je eine Satellitenempfangsanlage. Und Fähnchen mit den Senderinitialen dazu. Ein paar Campingliegen, durch Pappwände abgegrenzt, auf denen Grußbotschaften und Zeitungsausschnitte in wachsender Zahl aufgeklebt wurden - das war alles, was die Kumpel den Objektiven zu bieten hatten. Korrespondenten regionaler und weiter vertriebener Tageszeitungen jagten sich gegenseitig Hotelbetten ab, von der "New York Times" erkundigte sich ein Herr, dem alsbald spanische und Schweizer Kollegen folgten. Abend für Abend war man gespannt auf die Kommuniques des Betriebsrates, Fotografen lauerten auf die titelfototrächtige Tränen der Ehefrauen, bis sich einige von ihnen dem Protest der Männer anschlossen oder tagsüber Untertage die Stellung hielten.

Politiker verschiedenster Couleur erschienen; im Buch der Torwache steht Ruth Fuchs, Bundestagsfrau der PDS, mit Platzziffer eins, gefolgt von CDU-Kreis- und Landesgrößen, Ministerpräsident Vogel kam, warum, weiß bis heute keiner derjenigen, die mit ihm sprachen. PDS- und Bündnis-90-Fraktionschefs aus Erfurt legten sich mit auf die Hungerpritsche, ein SPD-Mann zog nach.

Funktionäre von Industriegewerkschaften - nicht der eigenen - sammelten sich am besetzten Tor, zumeist mit ein paar blauen Scheinen von den Kollegen in der Hand. Die Bosse der eigenen IG machten derweil Stimmung - gegen die Bischofferoder, verführten Kalikumpel-West gegen Kalikumpel-Ost, schickten Emissäre in Streikversammlungen.

Weshalb die Bischofferoder lieber selbst einluden. Am 1. August kamen weit über Zehntausend zum Aktionstag.

Dem Mann von der Zeitung, dem Beobachter bleibt anzumerken, daß er gerne bei den Kumpeln war, gerne über sie berichtet hat. Schon, weil es immer seltener wird in unseren Tagen, ehrliche unkomplizierte Antworten zu erhalten auf Fragen, die sich viele so oder ähnlich stellen. Allein eine Frage blieb offen: Wer kam auf den Gedanken mit der Betriebsbesetzung?

"Frag mich nicht, keine Ahnung", kam es stets zurück.

Die Frühschicht sei einfach nicht mehr ausgefahren, dann habe man das Tor geschlossen und fortan selbst bestimmt, wer rein darf und wer nicht. Manch Bergmann fragte auch zurück: "Warum will'ste das wissen, wer's war. Ist doch egal, wer uns geweckt hat. Hier steht jeder für jeden." Es ist nicht Mißtrauen, daß man den Initiator nicht kennen will. Obwohl die Erfahrung sie gelehrt hat, gut zu sortieren zwischen Freund und Feind. Als die Kumpel in Berlin vor der Treuhand und in Erfurt vor dem Landtag demonstrierten, versuchten Zivilpolizisten sie zu Unbedachtem anzustiften. Öffentlich kriminell, Rowdies einfach, das wäre nach dem Geschmack der Kalibosse gewesen. Mit Videos hielten Polizei und sich ziviler Gebende stets und ständig fest, wer wo war und was wer sagte. Man konnte wohl die "Rädelsführer" nicht so richtig orten.

Schließlich bekam es jeder schriftlich zugeschickt: Alles gesetzwidrig, was im Bischofferoder Werk ohne Obrigkeit geschieht. In den gleichlautenden Briefen der Herren Tausch, Backhaus, Ertle, Mühlenberg Potthoff, datiert mit dem 7. August, ist davon die Rede, daß der Mitteldeutsche Kali-AG-Vorstand beabsichtige, Ordnung und Gesetzmäßigkeit wieder herzustellen. Ihre Ordnung, ihre Gesetzlichkeit.

DER BETRIEBSRATSVORSITZENDE

Count down für Gerechtigkeit? Die Unsicherheit wuchs, man riskierte täglich mehr - und stand umso fester bei einander. Der Frust war viel zu groß, die Angst vor dem Unausweichlichen ließ nur noch an Widerstand bis zum Letzten denken.

Schuld an allem ist die Elefantenhochzeit der beiden deutschen Kalimonopolisten. Die BASF-Tochter Kali und Salz aus Kassel vermählte sich mit der Mitteldeutschen Kali AG in Sondershausen.

Der Ehe- (sprich) Fusionsvertrag wurde unter dem Bettuch des Paares gehalten. Freilich kennt man in Bonner Regierungsstuben neben dem Geist auch die Buchstaben des Paktes. "Inzwischen wissen wir, daß unsere 700 Kumpel in Bischofferode nur ein - im Spiel der Multis - unbedeutender Einsatz sind. Man will den Düngemittelproduzenten in Nord- und Westeuropa den Rohstoff, K 60 genannt, nehmen." Aber das stünde inzwischen ja alles in der Presse, winkt Betriebsratschef Heiner Brodhun ab.

Und auch, daß die Treuhand als Kuppler unschätzbare Dienste geleistet hat. "Mehr als 40 Investoren mußte sie vergraulen, angeblich ließen sich die Ostkaligruben nur im Paket verschleudern. Da waren natürlich welche drunter, die ziemlich runtergefahren waren, die also einige Millionen gebraucht hätten."

Brodhun gibt zu, daß auch der Müntzer-Schacht nicht gerade nach einem modernen Industriebetrieb ausschaut. Kein Vergleich mit den in Kupfer getriebenen Linien auf den Ehrenplaketten, die die Tapete im Betriebsratsbüro erträglicher erscheinen lassen sollen.

Die Betriebsratsleute haben nichts vom Schöntun und Schönreden, korrigieren trotzdem und unermüdlich den von der Treuhand verbreiteten Eindruck vom maroden Müntzer-Schacht. Der sei "oberflächlich". Übertage mag alles ziemlich heruntergekommen wirken, Untertage indessen sei schon zu DDR-Zeiten viel investiert worden.

Untertage, das sind immerhin 50 Quadratkilometer Laby-rinth. Ein Blick in den Koordinationsraum genügt, um zu wis-sen, es wird zeitgemäß und effektiv gewirtschaftet. Von hier aus wird per Computer- und Videotechnik der Abbau gesteu-ert. Die Strecken sind numeriert, Lastwagen und Jeeps machen die Runde, folgen den Verkehrsgeboten. In 480 Me-tern Tiefe. Hier gibt es Werkstätten und Pausenräume, ge-waltige Ventilatoren versuchen "Wetter" in den Schacht zu blasen. Dennoch herrschen hier Frühling, Sommer, Herbst und Winter um die 35 Grad.

Wer einfährt, sollte die ihm gebotene Arbeitskleidung nicht verschmähen. Keine falsche Scham, auch wenn die be-triebseigene Unterhose nicht gerade hauptstädtischen Charme ausstrahlt. Kali kann verdammt fein und die Zeit bis zur wohltuenden Dusche verdammt lang sein. Täglich gegen 21 Uhr wird in Bischofferode geschossen, dann machen sich die riesigen Scoops an die Arbeit.

Ameisen gleich, schaffen sie das Salz zu den Förderbän-dern. In Brechern zerkleinert, gelangt der Rohstoff in die Zwi-schenlager. Die fassen Untertage, was in drei Schichten aus dem Berg gesprengt wird. 12 000 Tonnen. Bischofferoder Gestein hat einen Kalianteil von 16 Prozent. Kaum die Hälfte läßt sich in den Labors hessischer Konkurrenten herausfil-tern. Obwohl bei Bischofferode bereits seit 1908 geschürft wird, stecken im Berg weitere vierzig Jahre Arbeit. Und die Geologen sind noch nicht am Ende mit ihren Erkundungen. Trotzdem will die Treuhand keinen Interessenten zur Priva-tisierung gefunden haben. Nach und nach verkleinerte man daher das "Gesamtpaket" und als nur noch vier von zehn Gruben übrigblieben, meldete sich Kali + Salz aus Kassel als einziger Investor. Die dem Lateinischen entlehnte Vokabel -

Einkleider, Anleger - täuscht. Gemeint ist: Kali + Salz bekommt Steuermillionen überwiesen, der kleine Mann trägt die geplanten "Verluste" des Unternehmens, denn die Schließung von Bischofferode wird teuer.

Daß so etwas sein kann, verweigert Heiner Brodhuns Geist zu glauben. "Mensch, ich denke immer, wir haben jetzt die Marktwirtschaft."

Brodhun ist ein einfacher, doch gebildeter Mann, geradezu, einer, der nichts auf die lange Bank schiebt und unbefriedigt ist, wenn er am Morgen noch unerledigte Sachen vom Vorabend auf dem Tisch hat. Zu unserer Verabredung kommt er zu spät. Gesagt hatte er: "Komm' gleich früh!" und gemeint, so gegen sechs. Kurz vor halb sieben bremst er seinen alten grauen Lada vor dem Verwaltungsgebäude. Seine Augen haben tiefe Ränder, eine Entschuldigung für die paar Warteminuten erübrigt sich. "Kann doch der Presse auch nichts schaden, wenn sie mal ausgeschlafen da steht und den Problemen nicht immer hinterher hechelt", lacht Brodhun und bietet einen Platz auf der Eckbank in seinem Büro an. Der Boden glänzt noch wischwassernaß.

Es ist selten, daß die Frauen von der Reinigungskolonne so viel Freiraum haben. Zumeist ist die Bude schon ab sechs Uhr voll.

Heiner Brodhun - seinen Namen läßt er mit Nachdruck in zwei Silben zerfallen - ahnt, wir bleiben nicht lange ungestört. Noch überhört er das Klingeln des Telefons. "Was willst du also wissen von mir?", fragt er, streicht sich durch den dichten Bart, um dann seinen Kopf erwartungsvoll auf der Tischplatte abzustützen. Doch dann besinnt er sich anders. Im Telegrammstil, so als sei damit sein Leben genügend beschrieben, diktiert er Daten: "Geboren am 6. 1. 47 in Weißenborn, 1.9. 63 Beginn der Lehre als Grubenelektriker, Abschluß der Lehre am 28. 2. 66, Frühjahr 66 Aufnahmeprüfung an der Ingenieurschule, das Wehrkreiskommando sagte Freistellung zu, wenn ich drei Jahre zur Fahne ginge, gedient bei den Panzern, 2. September 68 Studienbeginn in Eisleben, 15. 8. 71 wieder im Werk." Kurz darauf hat er die stomatologische Fachschwester Johanna geheiratet. Die beiden haben zwei Kinder, 1971 und 1979 geboren. Der Junge lernte im

Werk Instandhaltungsmechaniker und wurde, wie alle Lehrlinge, nicht übernommen. Was er jetzt treibt? Der Vater weiß nur, daß er vor kurzem noch bei einem Klempner in Leinefelde gearbeitet hat.

"Der Junge hat sich abgenabelt, muß sehen, wie er zurecht kommt."

Vielleicht, um keine Möglichkeit zur Nachfrage entstehen zu lassen, sagt Brodhun: "Unsere Tochter geht aufs Gymnasium in Duderstadt. In Worbis geben sie kein Latein..."

Befragt, ob es für ihn so etwas wie Glück gebe, sagt er nach einem langen Zigarettenzug des Überlegens: "Glück... das kommt doch auf die Situation an. Jetzt denke ich, wir sollten die Arbeit behalten, gesund bleiben. Wehe, wenn die Region weiter ins soziale Abseits gestoßen wird... Glück hatte ich aber auch 1989, daß die Grenze schon etwas löchrig war. Meine Frau erlitt einen Schlaganfall und der Notarzt preschte mit ihr zur Uniklinik nach Göttingen. So blieb sie am Leben."

Brodhun ist ein politisch denkender Mensch. Das macht nicht, daß er im Kanzleramt war und sich von der Stimme unseres Kanzlers, dem Herrn Bohl, anhören mußte, er verstehe nichts vom Bergbau.

Bischofferode - so Brodhun - sei sein wichtigster "Acker", der sei nun mal verdammt politisch zu bearbeiten. Doch wisse er sehr wohl, daß es mehr Elend in der Welt gebe. "In Bosnien schlachten sich Völker ab. Das ist vom Ausland gesteuert, wenn man es wolle, wäre schon morgen Schluß mit dem Töten." Leuten von dort würde er Asyl anbieten. "Leuten in Not muß man helfen, Wirtschaftsasylanten jedoch zurückschicken." Und was ist mit den "Wirtschaftsasylanten" aus Bischofferode, die in München, Stuttgart oder Kassel um Anstellung betteln, die sich mit zwei Dritteln ihres Bergmann-Stundenlohnes zufrieden geben müssen? Stimmt, sagt Brodhun, irgendwie sind auch die fremd im eigenen Land.

Der Betriebsrat, noch "Kollege", sagt, daß die Gewerkschaft für ihn ein rotes Tuch sei. "Vom FDGB habe ich damals nicht viel erwartet, wenn's hochkommt einmal im Jahr einen Ferienplatz. Doch von der Industriegewerkschaft Bergbau und Energie..."

Noch immer will es nicht in die Köpfe der Kollegen, daß die Gewerkschaft ihnen in den Rücken fällt, Agitatoren wider die Besetzung einzuschleusen versucht, andere Gewerkschaftsverbände vor solidarischen Gesten warnt und die SPD unter Druck zu setzen versuchte, als die sich endlich für eine Veröffentlichung des Fusionsvertrages ausspricht. Immerhin ist IGBE-Chef Berger SPD-Mitglied und Abgeordneter im Bundestag. Daß er zudem im Aufsichtsrat der BASF, der VEBA, der Ruhrkohle AG, der Rheinisch-Westfälischen Elektrizitätswerke, der Vereinigten Energiewerke AG, in verschiedenen Versicherungs-Chefetagen und... und... und... hockt, hätten die Kumpel nie für möglich gehalten. Nun wissen sie's, und die Mitgliedsbücher kamen stapelweise in der Erfurter Bezirkszentrale an.

Brodhun berichtet, wie er Betriebsrat wurde. "Bis 1989 gab's hier nur den FDGB. Dann im Dezember 1989 waren Betriebsratswahlen. So schnell ging das." Warum sie ihn nahmen? Es wurden halt unbelastete Leute gesucht. "Unbelastete und auch nicht vorbelastete. Hier hatte doch keiner eine Ahnung, was das ist, Betriebsrat. Auch ich nicht. Die Leute drängelten, ich dachte, mach'ste mit und bin als Vorsitzender rausgekommen."

Man drängelt nicht einfach so jeden x-beliebigen. Brodhun sagt, "die kannten mich und meine politische Einstellung. Und sie wußten, daß ich stets Ärger hatte mit der SED-geführten Betriebsleitung." Was galt in Wendezeiten mehr, als einer der sagte: "Sozialismus ist 'ne feine Sache, nur schlecht für den, an dem sie ausprobiert wird." Klar, da war auch seine Arbeit im Gemeinderat von Weißenborn. Noch heute ist er Vorsitzender des dortigen Sportvereins, wenngleich es derzeit nicht mehr richtig bergauf geht. "Einst haben wir ein Stadion gebaut. In nur fünf Jahren." Das will was heißen, erinnert man sich an DDR-Zeiten. Doch, "wenn Du nicht hinterher bist, dann fliegt alles davon". Das ärgert Brodhun, doch der Betrieb lasse ihm keine Zeit für Sachen, die er gerne mache.

Brodhun als Widerständler? Kaum vorstellbar. Brodhun als unbequemer Fachmann. Wahrscheinlich. Er weiß, mit wem er sich rieb. Warum? Schwer mit ein paar Worten zu erklären. Im Abstand würden Alltagsprobleme klein. Er sei streng katholisch erzogen worden, für ihn existiere Gott, in welcher Form auch immer. "Meiner Meinung nach braucht der Mensch mehr als Brot und Geld oder sein Auto. Er braucht irgendeine Idee und sei es eine Illusion." Das Gerücht, ein "Unbequemer" zu sein, sei vielleicht ganz simpel aufgekommen. Vielleicht begann ja wirklich alles mit dem Laufzettel.

Als er von der Ingenieurschule Eisleben wieder zurück zum Schacht kam, drückte man ihm in der Kaderabteilung auch so ein Ding in die Hand. "Damit mußte ich als Neueingestellter von Abteilung zu Abteilung: Tag sagen, Unterschrift holen und weiter. Als die mich fragten, biste in 'ner Partei, habe ich Esel 'ja' gesagt. Bumms stand vor dem FDJ-Sekretär und dem Gewerkschaftsbüro die Zimmernummer des SED-Sekretärs." Er ging hin, wegen der Unterschrift und sagte, daß er ansonsten wohl falsch sei. Wieso, junge Ingenieure brauchen wir, hörte er und antwortete: "Ich bin aber in der CDU." Vielleicht, daß man sein Auftreten als Provokation deutete. Auf jeden Fall sagte man in Führungsschichten, wann immer ihnen der Name Brodhun begegnete: Das ist doch der, der damals...

Man habe ihn gedrängt, zu verschwinden, raus aus dem Werk. Als der praktizierende Christ seine beiden Kinder nicht zur Jugendweihe schickte, galt das - obwohl nicht selten im katholischen Eichsfeld - als erneute Herausforderung. Da sei er nur noch sturer geworden. "Ich hab meine Arbeit gemacht, ordentlich. Als mich der Parteisekretär mal wieder vorhatte, sagte ich ihm: 'Nimm mal deinen Genossen je 50 Mark vom Gehalt weg, dann mußt du dich auf den Stuhl stellen, um über die Parteibücher zu kucken, die sie auf Deinen Tisch hauen.'"

Portemonnaie-Kommunisten, die meisten jedenfalls, schimpft Brodhun. Hier wurde man beruflich nichts, wenn man nicht in der richtigen Partei war. Die Stimme des Gegenüber wird seltsam hart. "Man hat Genossen als Maschinenobersteiger eingesetzt, die nach eineinhalb Jahren wieder gehen mußten. Nachdem sie zigtausende Mark verschleudert hatten."

Brodhun ist seit 1970 in der CDU. Einem möglichen Blockflöten-Vorurteil beugt er vor: "So konnte ich politisch tätig sein und mich doch von der SED fernhalten." Und doch ist der Betriebsratsvorsitzende einer der Erben jener betrieblichen SED-Führung. Womit nicht nur die braune Schrankwand, der passende Schreibtisch mit seinem mehr schlecht als recht funktionierenden Telefon gemeint ist. Das "Philosophische Wörterbuch" und das blau gebundene FDGB-Bändchen "Förderung der Frau" im Regal scheinen weder von Brodhun noch seinen "verblichenen" Vorgängern oft benutzt worden zu sein.

Als Brodhun in diesem Büro Platz nahm, hatte er die Verantwortung für 1 900 Kaliwerker geerbt. Derzeit sind es noch 700. Als die ersten Entlassungen anstanden, bastelte man im Betriebsrat einen Auswahlkatalog. "Nach sozialen Gesichtspunkten", betont der Arbeitnehmer-Vertreter und zündet sich die dritte oder vierte Zigarette an. "Es gab viel Streit und Ärger mit einzelnen Abteilungen, die aus Willkür entlassen und bestimmte Leute halten wollten." Gemeint sind verwandtschaftliche und freundschaftliche Beziehungen. Als die zweite und dritte Entlassungswelle durchs Werk rollte, erübrigten sich solche Diskussionen. "1992 sollten wir dann von 900 auf 700 runter." Keiner habe verstanden, warum der Betriebsrat die Entlassungen noch für 1991 forderte. "Das ist einfach erklärt: Für 1992 gab es keine Sozialplanregelungen. Die 70 Prozent, die es damals gab, sind mehr, als alles, was heute zu holen ist."

Auch Brodhun vertraute den Zusicherungen, Bischofferode würde weiter produzieren. "Vor einem Jahr hatte Ministerpräsident Vogel eindeutig erklärt, Bischofferode wird nicht geschlossen. Ein Mann aus dem Kalivorstand, der Herr Backhaus, wollte es mir gar schriftlich geben, daß der Fusionsvertrag nicht kommt. Die Investitionen, Brecheranlagen, Großgeräte, ein neuer Wetterschacht mit Millionenwert, können doch nicht in den Sand gesetzt sein, dachten wir." Am 10. Dezember vergangenen Jahres, als die Presse von der Schließung informiert wurde, stand auch der Betriebsratsvorsitzende wie vom Donner geschlagen. Fieberhaft suchte er nach einem Investor, der den Müntzer-Schacht weiter betreiben wollte. Auf einer Belegschaftsversammlung verkündete Treuhandmanager Schucht: "Bitte schön, bringen sie mir einen, wir verkaufen für eine Mark." Der Investor fand sich. Am 1. April ließ die Peine-Unternehmensgruppe, bekannt durch ein sehr schlankes Management, ihr Interesse verlauten. Und nun geschah das fast Unglaubliche, erinnert sich der Worbiser Landrat Heinrich Große: "Jedesmal wurden von der Treuhand die Hürden immer höher gelegt. Sobald eine genommen war, wurde die nächste so hoch, daß man sie kaum überspringen konnte. Allein im Kreis Worbis sind seit 1990 offiziell von 33 000 Arbeitsplätzen 12 000 weggebrochen. Allein in der Textilindustrie verloren 8 500 ihre Arbeitplätze." Große schrieb an seine Parteifreundin Rita Süßmuth. In einem Antwortbrief versprach sie, sich für die Kumpel und den Kreis Worbis einzusetzen. Man kann ihr redliche Absichten unterstellen, immerhin war sie mehrmals in Worbis und Umgebung, bis sie von den eigenen CDU-Spitzenleuten zurückgepfiffen wurde.

Für die Bischofferoder war Peines Interesse jedoch ein Signal. Vielleicht ginge es ja doch... Zudem lag eine Studie eines Schweizer Wirtschaftsfachmannes vor. Jener Peter Arnold hält es durchaus für möglich, daß die Grube Kali wirtschaftlich fördern und verkaufen könnte. Hätte es ohne diesen Fingerzeig eine Betriebsbesetzung gegeben? Brodhun sagt zwar, wir streiken nicht für Peine - "auch der kann uns, wenn er will, zerkauen und ausspucken" - doch bedurfte es offenbar dieses Strohhalms, der "für uns wie ein fetter Balken" aussieht.

"Wir haben uns jedenfalls drangeklammert!"

Heiner Brodhun und seine Betriebsratskollegen waren Klinkenputzen, unermüdlich, nichts und keiner, der Erfolg versprach, wurde ausgelassen. Sogar im Kanzleramt sprach man vor.

CDU-Mitglied Brodhun hatte offenbar einiges erwartet von der Begegnung mit seinen "Fürsten". Anders ist der Groll kaum zu erklären, mit dem er auf den Namen Kohl reagiert: "Er war auch für mich ein Hoffnungsträger der deutschen Einheit. Für mich ist enttäuschend, daß er so von der Wirtschaft, so vom großen Kapital gesteuert wird. Früher dachte ich, der Mann hätte was zu sagen. Irrtum!" Weshalb der Betriebsratschef keineswegs parteiliche Fronten wechselt. Man habe den PDS-Abgeordneten Gregor Gysi als Anwalt des Vertrauens benannt, "weil er ein intelligenter Mann ist, der genau weiß, wie er wann wo auftreten muß. Aber er verspricht nichts, was er nicht halten kann." Dabei könnte er das ohne weiteres. Im Gegensatz zum Kanzler, habe er nie versprochen, daß es allen besser gehen würde.

Brodhun schaut zum dritten oder vierten Mal auf die Uhr. Ich möge Verständnis haben, er müsse gleich weg und wolle zuvor noch einmal bei den Hungerstreikenden vorbeischauen. 18 Kumpel und fünf Frauen sind es derzeit, für die ein Aufgeben nicht in Frage kommt. Nicht, so lange noch ein Funke Hoffnung besteht. Immer, wenn einer nicht mehr konnte, stand ein Kollege bereit. Als wir in den Speiseraum kommen, läuft gerade der allmorgendliche "medizinische TüV". Frau Dr. Sonnenberg kümmert sich seit Beginn der ungewöhnlichen Aktion um die Hungerstreikenden. Sie war zunächst sehr erschrocken über das, was die Kalileute vorhatten. In der Hoffnung, das Schlimmste abzuwenden, schrieb sie an das Bundeskanzleramt, bat um eine humane Lösung. Ihr Brief wurde offenbar keines Blickes gewürdigt. Ihr blieb also nur Blutdruckmessen, Zuspruch geben. Zweimal am Tag.

DIE BERGMANNSFRAUEN

18 Männer haben am Abend des 1. Juni mit dem Hungerstreik begonnen. Es war die absolute Hilflosigkeit, die die Kumpel trieb. Daß ihre knurrenden Mägen nicht zum Aufstand wider Kapitalwillkür rufen würden, war ihnen klar. Doch wollten sie zeigen, daß man nicht alles machen kann mit denen, die man als Ossis mit Supermärkten, Tankstellen und Autohäusern zu sättigen gedenkt.

Ein paar Tage schloß sich Gisela Bernd aus Leinefelde als erste Frau den Hungernden an. Stellvertretend für ihren Mann, der krank ist.

"Ich bin hier geboren, hier gehöre ich hin. Auch vor den Wendezeiten wollten wir nicht weg. Dann darf man uns auch heute nicht vertreiben. Doch, was bleibt uns, wenn die Grube schließt?"

Man könne nicht alles einfach so hinnehmen, sagt Gisela Bernd dem Reporter, "wenn wir nicht aufstehen, dann wird noch mehr verkloppt von unserem Land - für'n Appel und 'n Ei."

Die Frauen von Bischofferode. Ohne ihre Unterstützung läuft nichts. Egal ob vor oder im Schacht, sie fuhren zu Kollegen nach München und Köln, sie ketteten sich an Tor 1 des BASF-Hauptquartiers in Ludwigshafen. Anfang 1990 arbeiteten noch 222 Frauen im Müntzer-Werk. Sie waren die ersten, die entbehrlich schienen. Im Worbiser Kreis ist der Anteil der arbeitslosen Frauen auf erschreckende 61 Prozent geklettert. Im Schacht stehen nur noch 61 auf den Gehaltslisten des Buchhalters. Bärbel Wildemann ist Chemielaborantin. "Wer, wenn nicht wir, weiß, was unser Produkt taugt?!" Mehrere Wochen lang stieg Bärbel Wildemann morgens in den Förderkorb. Sie hielt mit einem Dutzend anderer Frauen den Schacht tief unten besetzt. Elke Busse hat auch im Kaliwerk gelernt. Als Sekretärin erlebte sie manches Auf und Ab. Nun ist sie der gute Geist des Betriebsrates, kocht Kaffee, sortiert die stapelweise eintreffenden Briefe, beantwortet so viele sie kann, gibt der Presse Auskünfte, tröstet, schimpft. Mit ihrer sechsjährigen Tochter war sie nebst hundert anderen Frauen nach Bonn gefahren, hat an das Gewissen der Abgeordneten appelliert, geredet, bis sie versprachen, nach Bischofferode zu kommen. "Gekommen ist keiner, vermutlich habe ich an etwas appelliert, was sie nicht haben."

Elisabeth Strauss kam mit einer Reisetasche und fragte, wo noch eine Liege frei sei. Sie ist hübsch, 18 Jahre jung, Schülerin, wohnt auch in Leinefelde und hat gerade das Abitur gemacht. Nein, so richtig habe sie nichts zu tun mit dem Schacht. Doch sei sie "unheimlich nett und freundlich" aufgenommen worden. Elisabeth Strauss spricht mit zarter Stimme. Sie paßt zu ihrer fast zerbrechlich wirkenden Figur. "Ich bin gekommen, um die Leute zu unterstützen. Sie kämpfen für Gerechtigkeit." Gerecht wäre, wenn das Werk eine Chance bekäme und mit ihm all die Leute, die jetzt vor dem Nichts stehen. "Man konnte bisher noch nicht einen Grund angeben, warum Bischofferode schließen soll. Es wird immer nur mit Geld und mehr Geld argumentiert."

Elisabeth möchte studieren. Sozialpädagogik hat sie gewählt und wartet nun jeden Tag auf die Zulassung. "Es ist gut, wenn man Menschen helfen kann, die die Hilfe brauchen." Natürlich seien ihre Eltern besorgt, daß sie hier mithungere. "Ich habe das für mich entschieden. Doch sie verstehen meine Motive. Mein Freund übrigens auch. Sie besuchen mich ab und an." Ob sie Angst habe, wenn Kumpels auf der Trage aus dem Saal getragen werden?

"Ja... aber es geht schon."

Drei Liter Flüssigkeit täglich hatte die Ärztin ihr empfohlen, doch Elisabeths Kreislauf akzeptierte die Tortur nach über einer Woche des Hungerstreiks nicht weiter.

DER GERÄTEFAHRER

Als Thomas Bachmann mit seinem Hungerstreik begann, kam Willibald Nebel gerade wieder aus dem Krankenhaus zurück. Bilder zeigen ihn, da wird Willi aus dem Hungersaal getragen. Er ballte die Faust. Wütend sei er gewesen, daß er raus mußte, doch die Ärztin habe gewußt, wann für ihn Schluß sein muß. Noch etwas schwach auf den Beinen regte sich Willi nun darüber auf, daß "die da oben" noch immer nicht zucken.

"Wir machen das alles doch nicht, weil wir abspecken wollen." Das unterscheide ihn vom dicken Kohl, und deshalb fahre der auch an den Wolfgangsee und nicht nach Bischofferode, lästert einer der Torwächter. Im Betriebsrat hat man Willi gerade eine Adresse in die Hand gedrückt. "Irgendwoher aus dem Schwarzwald. Da lädt uns jemand ein, ein paar Tage Urlaub zu machen. Mal sehen, wir können uns ja die Benzinkosten teilen", sagt Willi und sucht Mitfahrer unter den Kollegen.

Wie die meisten Kollegen im Hungerstreik hat Thomas Bachmann fast immer eine brennende Zigarette im Mund. Gestern habe er einen Fernsehbericht gesehen über den RAF-Mann, den sie da in Bad Kleinen umgelegt haben. "Ich kann den voll verstehen. Immer haben sie den in den Arsch getreten und belogen. Was bleibt einem denn übrig, also ich könnte manchmal auch..."

Weiter heraus läßt Thomas seine Wut nicht. Und natürlich weiß er, daß er sicherlich niemals im Untergrund Systembekämpfer werden wird. Thomas hat Frau und zwei Kinder, eine Familie, an der er hängt. Doch wohin mit der Wut? "Da hockt man den lieben langen Tag herum und macht sich so seine Gedanken." Thomas ärgert an diesem Tage noch etwas ganz Privates. "Der Fliesenleger hat sich angekündigt. Nun muß meine Frau ganz allein den Speis anrühren. Ist doch 'ne Sauerei, ich hier, nur weil die Herren da oben glauben, sie sind der liebe Gott." Die da oben - Thomas läßt seinen Zeigefinger schnell hintereinander auf eine Art Steckbrief niedersausen. Das Blatt hängt überall im Werk. Darauf sind Bilder jener Bundestagsabgeordneten - hier nennt man sie Diätenhaie -, die im Treuhandausschuß für den Fusionsvertrag votiert haben: Rawe, Pohler, Petzold, Krause, der Einheitsvertragsvertreter von der CDU, Otto Schily einst grün, jetzt SPD-rosa, die Herren Friedhoff und Türk von der FDP,... Thomas heißt sie Gauner,Verbrecher und noch Schlimmeres. "Die verstehen niemals, wie's in uns aussieht."

Beim Aktionstag am 1. August stand Thomas Bachmann plötzlich auf der Bühne. "Mann, ich hatte 'nen Bammel, zehntausend Augenpaare schauen nur dich an. Mehr hörten den Pudhys, die nach mir kamen, auch nicht zu. Ich aber hatte nichts im Bauch und einen Zettel in der Hand."

Der Zettel, das war ein Aufruf zum Hungerstreik überall im Land. "Wir Hungerstreikenden benötigen sofort von draußen Hilfe", schrie Thomas ins Mikrofon. "Wir bitten euch in Ost wie West gemeinsam alle Kraft einzusetzen, um die Bundesregierung zum Einlenken auf eine Politik der Sicherung aller Arbeitsplätze zu zwingen." Klar, es ging spätestens seitdem so viele Delegationen zu uns gekommen sind, die in derselben Lage sind wie wir, nicht mehr um uns allein. Und Thomas sagt auch, schade, daß der Aufruf nur von so Wenigen befolgt worden ist. "Vielleicht hab ich zu sehr genuschelt", zwinkert er.

Rund zwei Wochen später, Thomas hat 18 Tage ohne feste Nahrung durchgehalten, lädt er den Reporter zu sich nach

Hause ein. "Schau dir mal an, wie die Fliesen hängen. Eins A, sag ich Dir." Thomas kann wieder lachen. 12 Kilo waren weg, meine Frau hat die Hände über dem Kopf zusammen geschlagen. Aber dann im Krankenhaus konntest Du nach ein paar Tagen sehen, wie es wieder aufwärtsgeht."

Thomas schließt die Kellertür auf, führt nicht ohne Stolz durch das fast fertige Anwesen. Hier unten läßt sich doch feiern, meint er. Wenn man Grund hat, schon. "Und oben sind die Kinderzimmer. Schau mal, ich hab sie so gebaut, daß man daraus selbständige Wohnungen machen kann. Ist doch wichtig, daß die Gören mal wissen, wo sie ein Dach haben. Wir lebten auch mit Eltern und Großeltern auf einem Hof. Drei, nein eigentlich vier Generationen."

Und nun steht alles in Frage. Wegziehen? "Geht doch gar nicht! Ich hab doch nicht für einen Fremden geschuftet, der aus dem Haus Ferienwohnungen macht. Jeden Stein habe ich selbst angekarrt. Nun gut, der LKW hat mich nichts gekostet." Kulante Partner? Ach wo, er habe alles abgearbeitet, Baustellen beliefert, "das ging ja noch. Aber dann saß ich auf einem Dreiachser, später fuhr ich mit 'nem Sattelauflieger. Splitt holen hinter Göttingen für den hiesigen Straßenbau. 500 Kilometer und mehr in der zweiten Schicht. Kein Zuckerschlecken. Wehe, dir fallen die Augen zu. Und die Karren sind auch nicht ohne. Kein Ersatzrad, keine Stützen zum Abstellen des Sattels." So würden die Lastzüge leichter, man könne mehr laden und mehr Geld machen. "So läuft das, knallhart. Ich habe viel riskiert, finanziell und hinterm Lenkrad, nun kurz vor dem Ziel war alles umsonst?!"

Thomas Frau Gabi hat Glück, sie ist mit dem Jüngsten noch im Babyjahr. "Meine beiden Kolleginnen, mit denen ich lernte, sind schon entlassen." Gestern habe auch sie einen Brief vom Arbeitgeber Reichsbahn bekommen. Sie solle doch mal vorbeikommen, wegen der Abfindung.

Kali und Bahn gehören zusammen. Siebenmal am Tag pendelt ein Personenzug zwischen "der Einkaufstadt" Bleicherode und Bischofferode. Die Diesellok zieht zwei Wagen mit Sitzen, einen Gepäckwaggon. Für zwei, drei, vielleicht auch mal ein Dutzend Passagiere. Man muß sich nur die Haltepunkte anschauen, dann weiß man, daß hier keine freie

Bahn für Vernunft gegeben ist. Im Bahnhof von Großbodun-
gen hängen noch Wimpelketten mit DDR-Fähnchen... Wenn
dann auch keine Kaliwaggons mehr rollen, wird bald Gras
über das Schienenpaar gewachsen sein.

DER ORTSDECHANT

"Die unvorstellbare Euphorie der Vereinigung, die Freude
und Hoffnung ist dahin", bemerkt auch Pfarrer Lothar Klapprott. Er steht der katholischen Gemeinde Bischofferode seit
acht Jahren vor, "nein, zur Seite", korrigiert er. Klapprott
konstatiert einen totalen Vertrauensverlust in die Kraft der
Politik. Es sei egal, ob man die Sache Angst oder Unsicherheit nennt, die die Kumpel treibt. Das, was jetzt geschehe, sei
für uns hier im Osten etwas total Neues. "Man hat schon genügend Leute erlebt, die ihren Arbeitsplatz verloren haben,
man sieht und spürt ihre Unausgefülltheit. Zuerst sind sie wie
gelähmt. Die Menschen fühlen sich wie der allerletzte Dreck.
Sie sitzen auf den Arbeitsämtern rum, wissend, daß von dort
keine Hilfe kommt. Sie sind Nummern, es macht keinen Sinn,
drumherumzureden."

Klapprott geht mit seiner Solidarität viel weiter, als es den
Oberen seiner Kirche recht ist. Jeden Sonntag ist ökumenischer Gottesdienst auf dem Betriebsgelände. Man betet:
"Herr unser Gott, du bist uns Menschen nahe - auch wenn
Bitterkeit, Ohnmacht und Enttäuschung unser Herz bedrän-
gen..." Und man singt: "Sonne der Gerechtigkeit, gehe auf zu
unsrer Zeit..."

Ab und an philosophiert der Pfarrer aus der Wirklichkeit in
eine bessere Zukunft hinein. "Wissen Sie, ich träume dann
von einer Zivilisation der Arbeit. Wenn das Miteinander von
Politik und Wirtschaft nicht dahin führt, daß das grundsätzli-
che uns alle beherrschende Schema unserer Gesellschaft
aufgebrochen wird, dann wird es eines Tages böse enden."
Die übermächtige Macht des Kapitals, die alles bestimmt,
kettet die Arbeiter.

Bischofferode kann ein wenig dazu beitragen, daß der
Mensch wieder etwas mehr in den Mittelpunkt der Politik
rückt, meint der Pfarrer.

Schon jetzt ist es kein Problem, in Bischofferode eine Wohnung zu bekommen. Läuft man die Straße des Aufbaus oder die des Friedens entlang, dann sieht man in jedem der drei und viergeschossigen Blocks Fenster ohne Gardinen, die schon seit Monaten keinen Wischlappen mehr sahen. Wer wird noch in Klapprotts Kirche sein, die gerade ein neues Dach bekommt und schöner denn je erstrahlt? Der Pfarrer ist nicht nur von Amts wegen zuversichtlich, daß die Kumpel auch wieder bessere Tage erleben. Es wird eines Tages auch wieder Persönlichkeiten in der Politik geben, die an Macht- und Schalthebeln nicht dem Gelde erliegen, sich nicht korrumpieren lassen..

DER SCHLOSSER

"Ich red mit Dir, aber frag' nicht nach meinem Namen", sagte der Mann und steht von seinem Fernsehplatz auf. "Ich weiß, du schreibst für uns, doch lesen's auch die anderen." Es sei wie früher, als die Stasi noch allgegenwärtig war im Grenzgebiet. "Die heute sind keinen Deut besser. Ich war in Erfurt dabei." Was er denn mit der Staatssicherheit zu tun hatte? "Gottlob nichts. Doch ich hab mein Haus im ehemaligen Grenzstreifen. Ein falsches Wort, und man wurde über Nacht rausgeworfen. Es gab genug Nachbarn, denen es so erging. Das geht schnell, schon haben sie dich am A..." Hier trieben sich ja auch allerlei Leute herum. Kollegen erzählten, daß da ein Sympathisant erschien zum Hungern. Nachts sei er immer rausgegangen in sein Auto, angeblich konnte er da besser schlafen.

Man sei vom Regen in die Traufe gekommen, nicht nur wegen der Spitzelei. "Die Wessis haben doch nur geschaut, wo man Konkurrenz ausschalten kann. Ich will nicht alle über einen Kamm scheren, doch geholfen haben nur wenige. Dabei sind die genauso dran wie wir. Nur vielleicht etwas später. Überall kürzen die Bonner die Gelder fürs Soziale. Und sie verstehen es perfekt, die Kumpels gegeneinander auszuspielen." Es stimme, man habe viel zu lange geschwiegen. Und CDU gewählt. Doch das sei nur aus Angst gewesen, daß das alte Regime wiederkehren könnte. Eine etwas dürftige

Erklärung, das wird dem langen, schlanken Grauhaarigen auch klar. Deshalb versucht er zu erklären: "Und weil die das meiste Geld hat. Wenn es aufwärts gehen soll, kann man nie genug davon haben. Stimmt, wir wollten rasch die D-Mark, daran haben unsere Oberen schuld, die haben doch die Mauer gebaut und Stacheldraht gezogen. Natürlich wußten wir, wie die Sache läuft. Nur wahrhaben wollte es keiner. Vor der Wahl versprechen die alles, nach der Wahl haben sie die Hälfte sofort, den Rest etwas später vergessen."

"Man hätte sich früher wehren sollen, vor allem die, die sich ganz sang- und klanglos verabschieden ließen. Sag mal, wo in der DDR, also in den neuen Ländern, hat wirklich einer auf den Putz gehauen? Nun kommen sie zu uns und weinen, daß alles futsch ist."

Der Mensch versucht, sich die Welt zurechtzubiegen. Doch in der Tat, warum wehrt sich gerade Bischofferode? Andere Belegschaften stehen doch auch mit dem Rücken zur Wand, ohne derart radikal zu reagieren.

"Das hängt vielleicht mit unserer ländlichen Lage und mit der Kirche zusammen." Hier kenne jeder jeden, man ist Freund bei der Arbeit, hilft sich auch danach - der zieht dem eine elektrische Leitung, der hilft dem beim Wiesemähen. Die DDR hat ihren Anteil. Allein schon, weil es wenig Material gab, jeder aber irgendetwas brauchte für den Hof. Das ist anders als in der Großstadt, hier gehst'e mit dem Nachbarn zur Schule, fährst in den Schacht ein, triffst ihn in der Kneipe. Da weiß man, wie einer denkt und ob er steht, wenn es hart auf hart kommt." Es sei übertrieben zu glauben, daß hier alle 700 kämpfen. "Doch die meisten schon."

Und die Kirche? Die sorgt für Zusammenhalt, ich treffe dort immer dieselben, die glauben wie ich, man unterhält sich, spricht miteinander, teilt Sorgen und Freude. Nein, wütend sei er nicht mehr. Nicht so, wie am Anfang des Arbeitskampfes. "Jetzt ist es mehr eine Art Traurigkeit. Ich kann nicht verstehen, warum wir so plötzlich überflüssig und nutzlos sein sollen.

Früher bin ich mit meinem Vater auf den Schacht gegangen." Damals waren noch andere Schichtzeiten. Jetzt beginnt die Frühschicht "zwanzig vor um sechs", mittags fuhr man um "dreiviertel eine" ein, von der Nachtschicht kommt man um "dreiviertel siebene" an.

"Mein Bengel wollte auch, ich hätte es gerne gesehen, doch dann brach alles zusammen, er flog aus der Lehre, mußte sich was anderes suchen. Meine Frau hat auch auf dem Schacht gearbeitet, gerne. Damals, als das mit der Personal-reduzierung losging, sagte ich zu ihr, bleib zu Hause. Solange einer von uns Geld nach Hause bringt. Jetzt besucht sie mich hier, da steht sie." Die Frage, was sie ihrem Hunger-streikenden mitbringe, beantwortet sie umgehend:

"Ein Küßchen, der hat's verdient."

DER EX-CDU-ORTSCHEF

CDU-Kreisgeschäftsstelle
zu Händen Herrn Martin
Dingelstädt, den 2. 7. 93
Betr. Austritt aller Mitglieder der CDU-Ortsgruppe.
Sehr geehrter Herr Martin, auf Grund der diskriminieren-den Verfahrensweise im Zusammenhang mit der Schließung des Kaliwerkes Bischofferode sehen wir, die Mitglieder der Ortsgruppe Holungen uns gezwungen, geschlossen aus den Reihen der Partei auszutreten...
Mit freundlichem Gruß
Bause, Gerhard
1. Vorsitzender

"Wenn sie wegen dem Austritt kommen, können sie gleich wieder gehen!"

Schon die Berliner Autonummer hat die Frau in Abwehrstel-lung gehen lassen. Im Übrigen, ihr Schwiegersohn sei gar nicht da. Und zu war die Tür. Gerhard Bause, das sei so ein Untersetzter mit Schnauzer. Vermutlich treffen Sie ihn am Schacht, sagt man im nahen Eiscafé. Die Beschreibung trifft am Haupttor nur auf einen zu. Gerhard Bause ist "diensthabender Besetzer", noch bis 22 Uhr, hat also Zeit. Wir sitzen unter der Uhr , die fünf vor zwölf angehalten wurde. "Es ist längst später", sagt Bause und bekennt sich zu dem Brief, will dann aber erst einmal einen Blick auf den

Presseausweis werfen. Bause ist Kfz-Schlosser, seit 17 Jahren "auf dem Schacht". 1982 sei er in die damalige CDU gegangen, auch er gibt als Grund an, Ruhe vor der SED gehabt haben zu wollen.

Außerdem sei schon sein Großvater Vorsitzender der Ortsgruppe Holungen gewesen. "Das lag nahe. Viel getan hat sich ohnehin nicht im Parteileben, wir bekamen schon gesagt, wenn wir was tun sollten. Und dann gleich mit den Ausführungsbestimmungen." Nach der Wende wollte er so richtig loslegen. Man hat Bause zum Gemeindevertreter-Vorsteher gemacht.

Holungen, nur drei Fahrrad-Minuten vom Schacht entfernt, hat knapp 1000 Seelen. "Nun wollten wir ein schmuckes Örtchen rausputzen und waren sicher, mit der CDU gelingt alles. Fahren sie doch mal in Richtung Duderstadt, nicht, daß wir alles kopieren wollten, doch die Dörfer hinter der Grenze unterscheiden sich doch gewaltig von unseren." Als es hieß, der Schacht bleibt, da haben sich die meisten Leute einen Kredit aufgenommen. Auch Bause hat eine neue Gasheizung installieren lassen, renoviert. Dann wurde seine Frau arbeitslos. Die Baumwollspinnerei "verzichtete auf ihre weitere Mitarbeit". Überall würde man die Menschen nur verschaukeln. Gleiches gilt für die Gemeinden. Sein Holungen beispielsweise sei bis über beide Ohren verschuldet. Und nun blieben die Steuergelder der Industrie aus. Mahlzeit. Doch da helfe nur, ruhig zu bleiben, die Wut zu zähmen. "Wir alle führen den Arbeitskampf besonnen".

"Ich hab noch ein Gewissen", was man von denen in Bonn nicht behaupten könne. "Ich habe beim Regierungssitz erlebt, wie 700 Bergleute abgefertigt wurden. Nicht eine Persönlichkeit hatte Zeit, ausgenommen Gregor Gysi. CDU? Fehlanzeige! Und hier im Eichsfeld, unser MdB? Fünfmal habe ich versucht, an ihn ranzukommen. Mit seinem Sekretär sprach ich, wollte einen Termin, immerhin ginge es um über 1000 Familien in der Region. Ich kleiner Mann und die anderen 29 aus dem Ortsverein waren ihm keine Minute wert." Nicht einmal einen Brief: "Bin gerade auf Tenneriffa, doch in Kürze..." - "der ist wohl etwas besseres. Mann, warum nur hab ich dem die Stimme gegeben?"

Bause schimpft sich "Rindvieh".

"Warum soll ich mich unten abstrampeln, wenn die Leute, die so viel Pulver kriegen, nicht einmal ihren Arsch zu uns bewegen?!" Wir sind aus Erfurt von der Landtagsdemo gekommen, da machten mich meine eigenen Kollegen an: 'Na du CDUluller, tolle Freunde haste.' Die haben recht. Ich bin sicher, die, die den Fusionsvertrag gegengezeichnet haben, haben ihn nicht einmal gelesen."

Gerhard Bause zog Konsequenzen. Manche, die mit ihm ziehen wollten, zogen es nun plötzlich doch vor, in der CDU zu bleiben.

"Ihre Sache", kommentiert Bause und verkündet: "Ich kümmere mich nur noch um mich und meine Familie. Mein Sohn ist hautkrank, der braucht mich. Früher habe ich bei den alten Herren Fußball gespielt, vielleicht mögen die mich wieder? Bause, man käme nicht drauf, sitzt man ihm gegenüber, ist Tormann. Eigentore liegen ihm nicht. Das mit der CDU war wohl sein bislang schwerster Stellungsfehler, meint er.

DER GRUBENELEKTRIKER

Walter Ertmer rollt mit den Augen, als er den Reporter sieht. "Mensch, auch du noch, ich muß einkaufen. Morgen habe ich die Bude voll, die Leute verputzen allerhand, und ich kann doch nicht alles meiner Frau anhängen."

Der hat morgen 40. Geburtstag, raunt mir die Sekretärin im Betriebsrat zu. "Und Hochzeitstag, vergiß das nicht," ergänzt der, um den es geht. Das Versprechen, "es kurz zu machen", vergißt Ertmer.

"Frag nur."

Der vierte von fünf Jungens zu Hause, war nie auf Rosen gebettet. Er sei kein angepaßter Typ und hatte so immer einige Schwierigkeiten, wie er es nennt. Sein Vater hätte vieles gemacht in seinem Leben. "Er war Musiker, doch nach dem Krieg wurden, zumal in dieser Gegend, keine Posaunisten gebraucht. So arbeitete er als Maurer, war Kraftfahrer bei der Landambulanz, dann auf dem Schacht in der Bauabteilung. Am Wochenende spielte er zum Tanz, für uns fünf mußte einiges rangeschafft werden. Dazu ein bißchen Landwirtschaft, Hühner füttern, Runkeln verziehen." Ertmer machte in Sonderhausen Berufsausbildung mit Abitur. "Ich wollte Lehrer werden, hatte aber gewisse Nachteile, weil einer meiner Brüder zuvor abgehauen war." So etwas paßte wohl nicht in die Laufbahn eines Pädagogen. Also verlegte ich mich auf Architektur, das klappte nicht." In den siebziger Jahren delegierte ihn der Betrieb zum Studium der Fördertechnik. "Doch bei den ersten Vorlesungen in Leipzig ging es gleich wieder los mit M/L - und daher ohne mich weiter." So blieb's beim Elektriker-Dasein: Bandanlagen und Bohrwagen reparieren, Werkstätten und Ladestationen installieren. Nur gelegentlich ist er neidisch auf seine Frau, die Lehrerin ist am Worbiser Gymnasium. Eine Frau, die Arbeit hat, auch wenn der Arbeitsvertrag noch immer aussteht, mache ihn zu einem Privilegierten, bekennt Ertmer.

Ohne sich grundsätzlich zu verändern, wechselte Ertmer nach Meinung mancher Kollegen die politischen Farben. Früher war er der Schwarze, heute gilt er als ein Roter. Ertmer streitet beides ab und meint, die Zeiten seien Schuld, daß man ihm solche Farben andichte. Schwarz war er, als sich die Abteilung Inneres und die Volkspolizei mit ihm schwarz ärgerten. Der Mann stellte doch einfach den Antrag, zur Hochzeit des verdufteten Bruders fahren zu wollen. Ganz öffentlich bot er Frau und Kinder als Geiseln für seine Heimkehrwilligkeit an. Die Behörden ließen ihn zappeln, um am Hochzeitstag zu verkünden, hat sich was, abgelehnt. Da machte er "Staub" statt sich zu fügen. Ertmer sagte weiter, was er dachte. Und er dachte, welch ein Irrsinn, als man ihn ein paar Jahre später in den Westen fahren ließ zu einem Onkel, "den ich nicht einmal richtig kannte".

Im Gegensatz zu dem System habe ich mir ein bißchen gesunden Menschenverstand bewahrt." Das macht's ihm heute wieder schwer.

"In den Tagen, als es anfing, in Bischofferode zu brodeln, war ich krank. Doch dann habe ich mich selbstverständlich eingebracht."

Mehr als das, so oft wie er vor den Kameras und Mikrofonen als Betriebsratssprecher Auskunft gab. So weiß er: "Von mir nimmt kein Hund mehr einen Knochen". Der Elektriker Ertmer kämpft mit den Bergleuten und weiß, daß die Position seines Gewerkes noch unklarer ist, als die der anderen. "Selbst wenn es zu einer einzelnen Privatisierung von Bischofferode käme, ist nicht sicher, daß wir bleiben. Elektrosachen könnten auch Fremdfirmen erledigen."

Walter Ertmer ist Gewerkschaftsmitglied und stinksauer auf Berger & Co. "Doch da muß von innen heraus etwas passieren, ohne eine Organisation, ohne den Zusammenhalt der Kumpel nehmen die Vorstandsherren sich uns alle einzeln vor. Das wird Peine, so er kommt, nicht anders halten."

Was wird?

Ertmer hält es mit Beckenbauer: Schaun wir mal...

"Vielleicht haben wir den Politikern ja wirklich schon genügend Dampf gemacht, daß sie begriffen haben, wie wichtig der Schacht und zusätzliche Arbeitsplätze in dieser Region sind."

Und wenn nicht? "Dann werden wir wohl noch ein paar Kohlen mehr drauflegen müssen!"

***

Als die Bischofferoder zum 3. Aktionstag am 21. August einluden, kämpften sie bereits über neun Monate um ihre Arbeitsplätze. Seit über 50 Tagen streikten sie Hungers, manche Kumpels wie Thomas Bachmann zum zweiten Mal.

"Bischofferode ist überall" - diese Losung ist wohl war in diesem, unserem größerr gewordenen, Land, unserem aufgeblasenen Land, das noch immer groß tut, um zu verdecken, wie inhaltsleer es in ihm aussieht, wie verschlissen und verderbt seine offizielle Politik, wie verdrossen weite Teile des Volkes.

Umso größer die Erwartungen an die Kalikumpels. Man muß dabei gewesen sein, wenn sie zu Sympathisanten fuhren. Einladungen gab es viele, aus Rheinhausen, dem Saarland, aus Köln, Frankfurt, München Kassel. Dort empfing man sie mit Herzlichkeit und allzu vielen Fragen nach dem "Wie" des Kämpfens. Die Bischofferoder galten unversehens als Experten, als Hoffnung der Enttäuschten, Fackelträger, als linke Vorhut der Gerechtigkeit. Diese Erwartungen überforderten wohl die Kumpels und ihre Helfer. Nach einem Dreivierteljahr widerstehen lernen, verhandeln lernen, trauen und mißtrauen lernen, liegen auch ihre Nerven blank. Brodhun, Bärbel Wildemann, Elke Busse, Bachmann und die 700 anderen ersehnen nichts mehr, als endlich wieder einzufahren, als einfach nur arbeiten zu dürfen - im Schacht.

LEKTION ZUM THEMA KALI

Alle reden von Kali, die wenigsten wissen Genaues darüber. Wer sich für ein Buch über Bischofferode interessiert,
will schon halbwegs genau wissen, was es mit dem Kali auf
sich hat. Also begann ich zu "fahnden", indem ich zum Lexikon griff. "Kalisalze: eine Gruppe natürlicher Kalium- und
Magnesiumverbindungen, die als Düngemittel und als Grund-
stoffe in verschiedenen Zweigen der Industrie, bes. der chemischen verwendet werden. Zu den K. gehören der Carnallit
(Karnallit), der nach dem Berghauptmann Carnall benannt ist
und als Chlorcanallit, KCl..." Es folgten vierzehn chemische
Formeln, die mich nicht nur schlicht irritierten, sondern an
peinliche Stunden im Chemie-Unterricht erinnerten, die ich
für ewig aus meiner Erinnerung verdrängt zu haben hoffte:
Das Gesicht des grinsend ein "ungenügend" notierenden
Oberstudienrates Möhlmann, das Gekichere der Mädchen -
ich schob das Lexikon an seinen Platz zurück.

Es gibt auf allen Gebieten Spezialisten, solche, die bei der
Frage nach Kali sofort achtundzwanzig Formeln bei der Hand
haben und andere, die auch ohne Formeln auskommen. Hier-
zulande - und das ist weder zu begrüßen noch als Vorteil zu
empfinden - wissen derzeit viele international anerkannte
Spezialisten nicht, wie sie ihre Zeit totschlagen sollen, weil ihr
Wissen nicht mehr gefragt ist. Es ist die Gilde der "abgewik-
kelten" Wissenschaftler. Ich wandte mich an den ehemaligen
Direktor des Instituts für Bodenfruchtbarkeit und Landeskultur
der Humboldt-Universität zu Berlin, Prof. Dr. Günter Markgraf
und bat ihn um eine Privatlektion zum Thema Kali. Er war
gern bereit, einen Nachmittag zu opfern, und ich gestehe, an
diesem Nachmittag viel gelernt zu haben.

Sollte jemand Anstoß daran nehmen, daß Markgraf nicht
mehr Direktor des Instituts ist, könnte ihm zwar nicht
widersprochen werden, doch wäre zu bedenken, daß er nicht
nur wegen "Staatsnähe" aus dem Amt scheiden mußte. Pra-
xisorientierte, produktionssteigernde wissenschaftliche Arbeit
auf dem Gebiet der Bodenkunde, der Pflanzenernährung und
Düngung ist quasi nicht mehr gefragt. Felder werden "stillge-

legt", Landwirte bekommen Prämien für das Nichtproduzieren von Nahrungs- und Futtermitteln auf einem Teil ihrer landwirtschaftlichen Nutzfläche. Wozu da noch Studenten ausbilden, die sich eines Tages den Kopf zerbrechen sollen, wie man Pflanzenwachstum steigern könnte?

Ich saß in einem bequemen Sessel, der Professor mir gegenüber, zwischen uns duftete Pflaumenkuchen und Kaffee und die Privatlektion begann: "Befassen wir uns zunächst mit der geologischen Entstehung der Kalisalze. Sie sind zurückzuführen auf die Zechsteinperiode. Vor etwa 200 Millionen Jahren war das Gebiet, in dem wir heute leben, von einem Meer bedeckt. Dieses Meer verdunstete im Laufe riesiger Zeiträume, und dabei ist das Salz auskristallisiert. Der Salzgehalt in den Meeren liegt bei etwa drei Prozent, aber das sind verschiedenste Salze. Sie schieden sich nach der Reihenfolge ihrer Menge und Löslichkeit ab. Das am schwersten lösliche Salz, das Mineral Anhydrit, wurde also zuerst ausgeschieden."

Ich machte Notizen, noch vermochte ich zu folgen.

"Kalziumsulfat." Mein Schreibwerkzeug stockte. Hatten wir das schon? Der Professor half mir flugs weiter: "Das ist gewissermaßen Gips ohne Kristallwasser."

Weiter ging es: "Danach wurde das ältere Steinsalz in riesigen Mengen auskristallisiert, dann folgten die Kalisalze."

Er sprach betont langsam, zum Mitschreiben: "Polyhalit, und das wichtigste und in Deutschland berühmteste, das Kalirohsalz, der Carnallit"

Stolz verwies ich auf meine Lexikonweisheit: "Ein Berghauptmann!"

"Ein preußischer", lernte ich hinzu.

"Diese Schichten lagen zunächst waagerecht, aber durch tektonische Bewegungen" - Professor Markgraf demonstrierte mir eine tektonische Bewegung im Erdinnern, indem er die Serviette neben seinem Kuchenteller zusammenschob, sodaß sich die Mitte nach oben hob - "Erdkrustenverschiebungen haben sich sogenannte Salzstöcke gebildet. Wären die nicht entstanden, wäre es lange unmöglich gewesen, an die Salzlagerstätten heranzukommen. Die Geologen stoßen nach 500, 600 oder 1000 Meter auf diese Schichten. Ohne Verschiebungen im Erdreich müßten sie 3000 oder 4000 Meter tief bohren. In Mitteldeutschland gibt es bedeutende Kalilagerstätten, die lange Zeit in der Welt führend waren, bis große Lagerstätten in Kanada, Rußland und anderen Republiken der ehemaligen UdSSR, und in Spanien entdeckt wurden. Der Abbau ist unterschiedlich. In Deutschland werden Schächte abgeteuft und Stollen in das Salz vorgetrieben. Die tragen sich selbst und müssen nicht abgestützt werden. Dadurch entstehen riesige unterirdische Hallen. In Kanada bedient man sich des sogenannten solution mining: Man drückt heißes Wasser unter Tage, das das Salz auflöst, und wenn die Lösung dann nach oben gepumpt wird, kühlt sie sich ab und die Salze kristallisieren aus. Dadurch entsteht fast kein Abraum.

Bei uns ist also das bisher wichtigste Rohsalz das Carnallit. Darin befindet sich Kalium, chemisches Symbol K, verbunden mit Chlor, Formel: Cl. Außerdem noch Magnesium. Es ist also ein Doppelsalz aus Chlorkalium und Chlormagnesium."

Ich erinnerte mich dunkel, dieser Formel im Lexikon begegnet zu sein.

"Es gibt eine internationale Festlegung, daß der Nährstoffgehalt aller Kalidüngemittel auf der Basis von Oxidwerten angegeben wird, also K_2O. Je nach Konzentration, spricht man von 40er Kali, 50er Kali, 60er Kali. Interessant wäre noch, daß in Kalidüngern faktisch gar kein K_2O enthalten ist, sondern KCl. Wie ich schon sagte, ist es aber üblich, alles in Oxidwerte umzurechnen. Die Zahl 60 bedeutet nichts anderes als 60 Prozent K_2O. Es ist das höchstkonzentrierte Kali und bietet einen wichtigen Vorteil - es enthält weniger Ballaststoffe. Die müssen also auch nicht mit dem Kali transportiert werden und belasten auch weniger den Boden. Chloridionen!"

Ich verkniff mir eine Frage nach diesem Begriff. Die Sache ging mir zu sehr ins Detail. Glücklicherweise kehrte der Professor zu allgemein verständlichen Formulierungen zurück: "Kali wird als Granulat angeboten, damit es nicht so staubt und neuerdings auch in einer Form, die verhindert, daß es Feuchtigkeit anzieht. Vor allem aber wird es zur Herstellung von Komplexdüngern verwendet. Es gibt eine Reihe großer Unternehmen, die sich auf diese Produktion spezialisiert haben. Dazu gehört zum Beispiel die Norsk Hydro, ein norwegisches Unternehmen, das aber auch in Deutschland produziert und übrigens das Rostocker Düngemittelwerk gekauft hat.

Nun zur Verwendung des Kali. Fast jede Pflanze braucht eine Reihe von Nährstoffen. Wir unterscheiden zwischen Makronährstoffen und Mikronährstoffen. Makronährstoffe sind sogenannte Kernnährstoffe: Stickstoff, Bezeichnung 'N', Phosphor, 'P' und Kalium 'K' . Sie sind unabdingbar für die Pflanze. Mikronährstoffe, die ich jetzt nicht alle erwähnen will, sind in den meisten Böden in Deutschland in ausreichender Menge enthalten.

Kehren wir zum Kalium zurück. Es ist zu großen Teilen im Protoplasma der Pflanze gebunden und im Zellsaft. Eine seiner wichtigsten Aufgaben: Es reguliert den Wasserhaushalt der Pflanze. Eine schlecht mit Kalium versorgte Pflanze verbraucht mehr Wasser, ist also in gewisser Weose verschwenderisch. Kalium entscheidet auch über die Frostresistenz einer Pflanze. Als erstes hätte ich vielleicht die Rolle des Kaliums in der Photosynthese erwähnen sollen. So bezeichnet man den chemischen Vorgang in der Pflanze, - auf Einzelheiten will ich verzichten -, der zur Bildung von Kohlenhydraten führt, dem letztlich entscheidenden Prozeß des pflanzlichen Stoffbildungsprozesses, also des Pflanzenwachstums. Kaliummangel wirkt sich negativ auf die Produktion von Kohlenhydraten aus, also Zucker, Stärke und Zellulose. Daraus folgert, daß Pflanzen, die viel Kohlenhydrate produzieren, Hauptverwerter von Kalium sind. Das wären die Zuckerrübe und die Kartoffel. Bei der Kartoffel erhöht ausreichender Kaliumgehalt auch die Lagerfähigkeit.

Man spricht von einer sogenannten harmonischen Düngung. Damit ist der unterschiedliche Anteil von 'K', 'N' oder 'P' gemeint. Sie richtet sich nach den einzelnen Pflanzen..."

Kaffee wurde nachgeschenkt. Innerlich aufatmend konstatierte ich, daß ich noch zu folgen vermocht hatte.

Der Professor lud mich ein, Fragen zu stellen.

"Befindet sich Kalium von Hause aus in jedem Boden?"

"Ja. Der Boden ist ja ein Verwitterungsprodukt, entstanden durch mechanische und chemische Verwitterung von Gesteinen. Daraus folgert, daß Boden, der aus der Verwitterung von Ergußgestein - zum Beispiel Granit - entstand, Feldspat enthält, und Feldspat ist ein hervorragender Lieferant von Kali. Mittelgebirgsböden enthalten also mehr Kalium , als märkische Sandböden."

Ich wagte die Frage: "Kann sich Kalium im Boden eines Tages erschöpfen, wenn kein neues durch Düngung hinzugefügt wird?"

"Ja, man kann auf Dauer auf eine Kalidüngung nicht verzichten. Das gilt im besonderen Maße für tropische und subtropische Länder. Zitrusfrüchte, Baumwolle, Zuckerrohr kommen ohne Kalium nicht aus. Einer der Gründe, warum Kalidüngemittel auf dem Weltmarkt so sehr gefragt sind."

Nicht mehr gefragt dagegen ist das Wissen des Professors. Das Land, in dem er es erwarb und in dem er es auch nutzte, um Bauern zu helfen, höhere Erträge zu erzielen, ist verschwunden. Nun sollen auch die letzten Gruben verschwinden, in denen das so wichtige Kali gefördert wurde.

Wir tranken unseren Kaffee aus, die Privatvorlesung war beendet. Wenn ich auch gestehe, einige Zusammenhänge ebensowenig erfaßt zu haben, wie damals in der Schule - gelernt hatte ich: Ohne Kali vermag die Welt nicht zu überleben!

BRECHT UND DIE FUSION

Wer von uns vermag sich vorzustellen, was es mit der "Kali-Fusion" exakt auf sich hat?

Schon der Begriff "Fusion"! Die Vorstellung gipfelt in dem Denkbild: "Zwei tun sich zusammen!" Warum? Man meint: Sie werden schon ihre Gründe dafür haben. Handelt es sich - wie in diesem Fall - um Konzerne, fügt sich die Vermutung hinzu, daß nicht persönliche Sympathie einiger Bosse füreinander zu solchem Schritt bewog, sondern nach eingehendem Studium der Bilanzen gemeinsam auf Marktvorteile gegenüber der Konkurrenz gesetzt wird. Noch präziser: Der Konkurrenz soll mit mit vereinten Kräften beigekommen werden.

Bertolt Brecht beschäftigte sich seit Beginn der zwanziger Jahre mit dem Vorhaben, die Mechanismen des kapitalistischen Marktes auf die Bühne zu bringen. Er las sich durch viele Bücher, darunter auch dem 1907 zum ersten Mal erschienenen Zweibänder "Die Geschichte der großen amerikanischen Vermögen" und war 1931 mit der ersten Fassung seines Schauspiels "Die heilige Johanna der Schlachthöfe" fertig. Man wird es nicht glauben wollen, aber erst drei Jahre nach seinem Tod wurde es 1959 zum ersten Mal aufgeführt. Ein Darmstädter Theaterintendant, der es am 25. Januar 1933 auf die Bühne bringen wollte, wurde erst zum Verzicht auf das Stück, dann zum Rücktritt gezwungen und ins Exil getrieben.

Als der berühmte Gustav Gründgens es 1959 am Hamburger Schauspielhaus inszenierte, ließ er jede Textstelle streichen - oder mußte er es tun lassen? -, in der von Kommunisten die Rede war, und auch die Brecht-Montage der Schreckensnachrichten im letzten Bild - Zeitungsschlagzeilen wie "Acht Millionen Arbeitslose in den Vereinigten Staaten" oder "Der größte europäische Trust, der Zündholztrust, verkracht!" - fiel dem Rotstift zum Opfer.

(Diese Entdeckung entbehrt heute, während der im Prinzip zwar nützlichen, aber oft so unsachlichen Diskussion über den Umgang mit Kultur in der DDR nicht einer gewissen Pikanterie.)

Brecht hatte bei seinen Studien und dem Versuch der Darstellung kapitalistischer Mechanismen nicht konkret eine Fusion im Auge, sondern allgemein das Funktionieren der brutalen Martkgesetze. Seinen Fleischkönig Pierpont Mauler läßt er Viehzüchtern erklären:

"Die Schwierigkeit, die uns bedrückt, hebt sich.
Elend und Hunger, Ausschreitung, Gewalt
Hat eine Ursach und die Ursach klärt sich:
's gab zu viel Fleisch. Verstopft war
In diesem Jahr der Fleischmarkt und so sank
Der Viehpreis in ein Nichts. Nun ihn zu halten
Beschlossen wir, Packherr und Viehzüchter, gemeinsam
Grenzen zu ziehen der hemmungslosen Aufzucht
Das Vieh, das auf den Markt kommt, zu beschränken
Und vom Vorhandenen auszuschalten, was zu viel ist, also
Ein Drittel allen Viehes zu verbrennen."

Und die Johanna ließ er sagen:

"Denn es ist eine Kluft zwischen oben und unten, größer als
Zwischen dem Berg Himalaja und dem Meer
Und was oben vorgeht
Erfährt man unten nicht
Und nicht oben, was unten vorgeht
Und es sind zwei Sprachen oben und unten
Und zwei Maße zu messen
Und was Menschengesicht trägt
Kennt sich nicht mehr."

Noch einmal: Brecht sah sein Stück kein einziges Mal auf einer Theaterbühne und als es 1959 - "gereinigt" - aufgeführt wurde, gab es viele Vorhänge, vor allem für die die Johanna spielende Brecht-Tochter Hanne Hiob, aber rüde Worte in den Medien: "Ein primitiver Singsang aus der Mottenkiste des Klassenkampfes", "ein böses Zerrbild, verlogen und voller Haß" (BZ-Berlin/West)

Man wird unwillkürlich an die Worte Heinz Kamnitzers erinnert, der 1993 die Beschmierung von Brechts Grabstein mit den Worten bedachte: "Wer so geschändet/ Ist geehrt/ Die Lumpen fürchten/ Daß er wiederkehrt".

Der "Ausflug" mit Brecht will nur helfen, jene "Fusion" transparenter zu machen, die Bischofferode das "Aus" bescheren soll. Die "Brücke" zu seinem Stück muß nicht einmal mühsam konstruiert werden: Rindfleisch setzt gemästete Rinder voraus, und Rinderfutter ist wiederum ohne Kali nicht denkbar.

Täglich verhungern in unserer angeblich so modernen Welt Hunderttausende Menschen, aber die Kaliproduktion wird gedrosselt, auch weil Rinderherden verkleinert werden sollen. Felder, auf denen nicht nur Rinderfutter wachsen, sondern auch Weizen, Rüben, Roggen, Kartoffeln oder Mais reifen könnten, werden gegen "Honorar" nicht bestellt. Mauler verbrannte Fleisch, der Bauer wird fürs Nichtstun bezahlt! Ein großer Teil des Geldes, mit dem die landwirtschaftliche Produktion künstlich gedrosselt wird, kommt von den in Brüssel geführten Konten der sogenannten Europäischen Gemeinschaft. Deren Gesetze galten bekanntlich nicht in der DDR, weshalb dort auch rund um die Uhr Kali gefördert, verarbeitet, auf Feldern ausgebracht und in alle Welt verschifft wurde. Die Liste der belieferten Länder ist lang und reicht - alphabetisch - von Ägypten bis Zypern.

Wenn auch an anderer Stelle schon erklärt wurde, worin der besondere Wert des in Bischofferode geförderten Kalis besteht, sei hier noch das Gutachten zitiert, das der Schweizer Ökonom Peter Arnold im Auftrage der Thüringer Landeswirtschaftsförderungsgesellschaft erarbeitet hatte: "Das Kaliwerk Bischofferode ist ein Werk, das traditionell ein starkes Absatzbein im westlichen Europa hat. Auf diese Länder entfielen 1991 95 und 1992 88 Prozent der Lieferungen. Bischofferode ist damit unter den ostdeutschen Kaliwerken das am stärksten auf Westeuropa ausgerichtete Werk, wie es auch unter den ostdeutschen Kaliwerken das am stärksten auf die westlichen Industrieländer ausgerichtete ist.

Diese Schwerpunktsetzung hängt zu einem Gutteil mit den Spezifikationen des Kalis des jeweiligen Werkes und den diesbezüglichen Vorgaben der einzelnen Märkte zusammen. Das Bischofferoder Kali ist ein hauptsächlich von Herstellern von Kaliumsulfat und Mehrnährstoffdüngern nachgefragtes.

Angesichts des in vielen Wirtschaftsbereichen Ostdeutschlands nach 1989 zu verzeichnenden Absatzeinbruchs sticht ins Auge, daß sich die Lieferungen aus Bischofferode in den nord- und westeuropäischen Produzentenmarkt nicht nur in etwa auf ihrem Vorwende-Stand gehalten haben, sondern daß sie zwischen 1989 und 1991 sogar noch angestiegen sind."

Das gewissenhafte Dokument des Peter Arnold gibt auch exakt Aufschluß über die Kunden des Thüringer Schachtes: "Die Käufer von Bischofferoder Kali in Nord- und Westeuropa sind die Großen der europäischen Kaliumsulfat- und Mehrnährstoffdüngerindustrie. In Frankreich ist es die EMC - die einzige Kaliproduzentin dort, die das Bischofferoder K 60 und K 61 für ihre Kaliumsulfatfabriken in Belgien bezieht.

In Belgien selber sind es vor allem die Mehrnährstoffdüngerproduzenten Engrais Rosier und die finnische Kemira Oy dort mit ihren Werken. Kemira Oy ist ebenfalls der Abnehmer des Bischofferoder Kalis im Falle von Dänemark - wo Kemira Oy den einzigen dänischen Mehrnährstoffdüngerhersteller (Superfos) unter seinen Fittichen hat - sowie in ihrem Heimatland Finnland, wo Kemira Oy der einzige Düngerhersteller ist. Kemira Oy ist Europas drittgrößter Düngerhersteller. (BASF steht an zweiter Stelle.)

In Holland sind die Abnehmer von Bischofferoder Kali neben Kemira Oy mit ihrem Mehrnährstoffdüngerwerk dort die Norsk Hydro aus Norwegen mit ihrem Kalibedarf für ihr holländisches Mehrnährstoffdüngerwerk. In Schweden ist es die Norsk Hydro für den einzigen Mehrnährstoffdüngerproduzenten dort (Supra) und Kemira Oy für ihr dortiges Kaliumsulfatwerk. In Norwegen wiederum ist es nur Norsk Hydro, die dort der einzige Düngerproduzent und insgesamt Europas führender Stickstoff- und Mehrnährstoffdüngerhersteller ist. In Österreich schließlich ist der Bischofferoder Kunde Agrolinz, die der größte Düngerhersteller Österreichs ist."

Belassen wir es vorerst dabei und wenden uns einem Aspekt zu, der für den Laien vermutlich am mühsamsten zu durchschauen ist.

Die von Arnold erwähnten, und darüber hinaus viele andere, Kunden verwenden das Bischofferode-Kali, um mit Hilfe eines speziellen Verfahrens - "Mannheimer" genannt - zu ihren Düngemitteln zu gelangen. Würden sie morgen auf das

Bischofferoder K 60 - Prof. Markgraf erläuterte in seiner "Privatvorlesung" die zahlreichen Vorteile dieses besonderen Kalis - verzichten müssen, bliebe ihnen keine andere Wahl, als ihre Produktion umzustellen. Ganz simpel verglichen: Die kuchenbackende Hausfrau, der die Hefe ausgegangen ist, muß zum Backpulver greifen.

Die Badischen Anilin- und Sodafabriken - Muttergesellschaft der in Kassel ansässigen Kali + Salz AG - stellt ähnlichen Dünger nicht nach dem Mannheimer Verfahren sondern dem sogenannten Kieserit-Verfahren her. Nach der Schließung von Bischofferode würde die BASF-Tochter also auf dem Markt nach vorn rücken, ihre Kunden aber auch zu einer anderen Technologie zwingen.

Wer aber verfügt über die Macht, Bischofferode aus dem Marktrennen zu werfen? Nach der Antwort auf diese Frage muß nicht lange geforscht werden: die Treuhandanstalt! Sie ist durch den Einigungsvertrag in den Besitz von Bischofferode gelangt, müßte sich aber nach dem ihr per Gesetz vorgeschriebenen Handlungsspielraum richten. Wortlaut: "Die Aufgaben der Treuhandanstalt werden nach Maßgabe des Treuhandgesetzes durch den Auftrag bestimmt, das ihr übertragene, bisher volkseigene Vermögen zu privatisieren und zu verwerten. Zu diesem Zweck hat sie

- die Wettbewerbsfähigkeit möglichst vieler Unternehmen herzustellen und somit Arbeitsplätze zu sichern und neue zu schaffen,

- die Sanierung und Strukturanpassung der Unternehmen an die Erfordernisse des Marktes zu unterstützen,

- die Entwicklung effektiver Unternehmensstrukturen zu fördern."

Studiert man das Arnold-Gutachten und liest anschließend diese Treuhandvorschriften, brauchte theoretisch niemand in Sorge um Bischofferode geraten: Der Schacht ist wettbewerbsfähig, die Anpassung an die Erfordernisse des Marktes kann man sich sparen - sie ist nach Arnold vorhanden.

Was die Privatisierung betrifft, so weiß man zumindest von einem solventen Interessenten: Peine. Seine Prognose der Lieferwünsche der Kunden wurde nach den Verkaufszahlen der Jahre 1991 und 1992 berechnet. Wie man weiß, hat die

Treuhand diesen Interessenten dennoch abgelehnt. Die Gründe muß man als schlechte Ausreden qualifizieren. Es ist jedenfalls nichts bekannt geworden, was man in den Rang eines Arguments hätte erheben können.

Hinter den Kulissen war allerdings längst eine zwar an Brechts Mauler und sein "Fleischrezept" erinnernde Konstruktion entstanden, die kaum zu durchschauen ist.

Brecht wollte seinem Publikum den Mechanismus des Kapitalismus auf offener Bühne vorführen, die Treuhand und ihre Komplicen hatten genügend Gründe, ihre Operation nach allen Regeln der Kunst zu tarnen. Die auf den ersten Blick unverdächtige Lösung: Da sich kein Käufer für die DDR-Gruben findet, werden die Mitteldeutsche Kali AG - zu der Bischofferode gehört - und die Kali + Salz AG, die der BASF gehört, "fusioniert."

Stutzig machte indes, daß ein zweiter Blick - nämlich der in den Vertrag - verwehrt wurde. Die Akte wurde mit höchster Geheimgehaltungsstufe bedacht. Das spricht nicht eben für das gute Gewissen ihrer Schöpfer. Was kann an einem solchen Vertrag geheimzuhalten notwendig sein? Unter dem Druck der durch den Protest der Kumpel hellhörig gewordenen Öffentlichkeit, bequemte man sich, einem von den Hungerstreikenden benannten Anwalt Einsicht zu gestatten. Als die Gregor Gysi nominierten, brach Wirtschaftsminister Rexrodt seine Zusage und wollte nur mehr einen Wirtschaftsprüfer zulassen.

Im Pokerspiel waren gezinkte Karten! Wer das bestreiten wollte, muß sich fragen lassen: Was kann Birgit Breuel bei gutem Gewissen daran hindern, die Akten in der Hand vor einer Fernsehkamera Plazu zu nehmen, und aller Welt zu erklären, was es mit der Fusion auf sich hat?

Aktiengesellschaften haben ihren Aktionären regelmäßig die Bilanzen vorzulegen und dürften mit beträchtlichem Ärger rechnen müssen, wenn sie dies nur Wirtschaftsprüfern hinter verriegelten Türen gestatteten. Juristisch geht es um das Eigentum der Kalikumpel - wie immer wer auch den Begriff "Volkseigentum" auszudeuten beliebt - und wenn der Bundeswirtschaftsminister plötzlich anderen Sinnes wird, einem Anwalt die Einsicht verwehrt und einen Wirtschaftsprüfer fordert, verbirgt sich ein simpler Grund dahinter: Ein Wirtschaftsprüfer muß weder Kalikumpel noch Öffentlichkeit über seine Erkenntnisse informieren!

Der Unterschied ist unübersehbar: Der Anwalt vertritt die Interessen seiner Klienten, ein Wirtschaftsprüfer kontrolliert Zahlen. Das wußte Rexrodt natürlich auch schon an dem Tag, an dem er großzügig mitteilen ließ, die Kumpel dürften einen Anwalt "ihrer Wahl" nominieren. Er hatte vermutlich nicht vorausgesehen, wen die Kumpel wählen würden...

Trotz aller Geheimhaltung sickerte inzwischen genug über den Deal durch: Die Kasseler BASF-Tochter tritt der Mitteldeutschen bei, wird also faktisch über Nacht ein Ostbetrieb. Das ist umso verwwirrender, weil sie 51 Prozent der Anteile der neuen Gesellschaft hält. Die übrigen 49 Prozent sind in den Händen der Treuhand, und die verpflichtet sich in dem Fusionsvertrag, in den ersten drei Jahren 90 Prozent aller Defizite - "unabhängig von der Ursache" - zu tragen, im vierten Jahr 85 Prozent und im fünften Jahr 80 Prozent. Das ist so unglaublich, daß man es für eine Serie von Druckfehlern halten könnte.

Noch einmal Klartext: Ein Westkonzern siedelt sich mit einem Unternehmen im Osten an. Die ihm in den nächsten drei Jahren entstehenden Verluste begleicht der Steuerzahler, dessen Geld in den Staatshaushalt und von dort in die Kassen der Treuhand fließt. Der Kreis schließt sich: Die Treuhand kann nur in den neuen Bundesländern Zahlungen leisten, also zieht der "fusionierte" Betrieb dorthin!

Bei dieser "Gelegenheit" wird eine Kaligrube geschlossen, deren hochwertiges Produkt sich zwar gut verkaufen läßt, auf dem Markt aber die eigenen Kreise stört.

Das ist nicht etwa eine von uns zusammengezimmerte Version. Das Düsseldorfer "Handelsblatt" - jeglicher Sympathie für hungerstreikende Kumpel unverdächtig - verglich das Projekt genüßlich mit einer unternehmerischen Glanzoperation: "Der Grund für die Diskretion, die Treuhandanstalt und Bundesfinanzministerium hinsichtlich des Fusionsvertrages... üben, liegt offensichtlich in der dort vereinbarten und auch kartellrechtlich interessanten Wettbewerbs- oder Konkurrenzausschlußklausel: Danach ist es der Treuhand untersagt, ostdeutsche Kaligruben, z. B. Bischofferode, an einen anderen Partner als K+S zu verkaufen. Die Geschlossenheit des Konzepts darf nicht gestört werden.

Der internationale Kalimarkt ist weitgehend kartelliert. Vermutlich gibt es Demarkationsabsprachen, durch die die nationalen Absatzgebiete geschützt werden. Die Importquote auf dem deutschen Markt ist verschwindend gering. Deshalb dürfte die Verhandlungsmacht von K+S so stark sein, daß das Unternehmen der Treuhand Privatisierungsbedingungen stellen konnte, z.B. des Ausschlusses einer eventuellen Konkurrenz bei der Zusammenführung und Sanierung der beiden bisherigen Monopolisten auf dem geteilten deutschen Markt... Selbst wenn der mittelständische Unternehmer Johannes Peine, der eine eigene Lösung für Bischofferode hatte finden wollen, tatsächlich finanzstark genug wäre, um die notwendigen Investitionen vornehmen zu können: Nach dem Fusionsvertrag hat sich die Treuhand verpflichtet, ihn, wie auch potentere Interessenten, draußen vor der Tür zu halten. Wegen dieser Klausel kann also eine Einzellösung für Bischofferode außerhalb des BASF-Komplexes nicht einmal probiert werden, welchen politischen Druck die hungerstreikenden Kalikumpel auch immer auszuüben versuchen. Wenn der Fusionsvertrag einmal einer breiten Öffentlichkeit bekannt würde, könnte diese Klausel zum Politikum und Skandal werden."

Um diese mafiöse Aktion möglichst wasserdicht vor jeglicher Öffentlichkeit zu tarnen, legte man auch noch die abgeleierte Platte mit dem Song "Denn an allem ist allein die DDR nur schuld" auf.

Zum Beispiel: Als die Fraktion der PDS/LL im Bundestag den Antrag stellte, den Fall Bischofferode auf die Tagesordnung zu setzen, erhob sich der Geschäftsführer der SPD-Fraktion im Bundestag, Dr. Peter Struck, und erklärte: " Mich erfüllt das Auftreten der PDS im Deutschen Bundestag mit einiger Verbitterung - sie hat ja ausdrücklich die Rechtsnachfolge der SED angetreten -, wenn sie sich zum Anwalt von Menschen aufspielen wollen, denen sie durch ihre falsche Politik, in deren Rechtsnachfolge sie sind, zu diesem Elend verholfen haben."

Hier wird eine Anmerkung unumgänglich. In den 80er Jahren hatte es Verhandlungen zwischen beiden deutschen Regierungen gegeben, um die Versalzung der Werra zu reduzieren. In den DDR-Gruben Merkers und Unterbreizbach sollte ein umweltfreundlicheres Verfahren von Kali + Salze Kassel übernommen werden. Es kam nie dazu, weil das BRD-Unternehmen für einen ersten Test die absurde Summe von 20 Millionen DM forderte. Damit nicht genug: Die Übernahme des Verfahrens war mit einer Klausel verbunden, in der sich die DDR-Gruben verpflichten mußten "keine Tonne Kali" mehr auf dem vom Kasseler Produzenten "beeinflußten Markt anzubieten." Damals verfolgte man also bereits das Ziel, die lästige Konkurrenz auszuschalten. Und zwar mit einem publikumswirksamen Trick: Der DDR wurde vorgeworfen, die Werra über Gebühr zu versalzen, der andere deutsche Staat also Umweltbarbar hingestellt. Schritte, diese Versalzung zu verringern aber wären unweigerlich mit Kundenverlusten verbunden.

So "lieb" verfuhr man damals mit den "Brüdern und Schwestern". Heute sorgt die Treuhand dafür, daß dieser Konkurrent ausgeschaltet wird.

Über den Intelligenzquotienten des Herrn Struck ist nichts bekannt - der Bundeskanzler nennt ihn in aller Öffentlichkeit "Strippenzieher" der SPD -, aber der 18 Tage nach dieser unreifen Bemerkung nach Bischofferode geeilte Vizechef der SPD, Wolfgang Thierse, bediente sich dort weder eines Wortes noch eines Gedanken des Herrn Struck. Knapp formuliert: Er versicherte nahezu das Gegenteil.

Wie auch immer: Gegen diese Fusion war der Coup von Brechts Fleischkönig Pierpont Mauler eine Partie "Schwarzer Peter"!

Vergessen wir nicht: Es sind mehr als sechs Jahrzehnte vergangen, seitdem sich der Dichter mit dem Vorhaben befaßte, den Kapitalismus auf die Bühne zu bringen. Geändert hat sich das System seitdem auch in einer Weise, die "Der Spiegel" im Januar 1992 mit den Worten beschrieb: "Die Zahl der Fusionen nimmt zu, und vor allem steigt die Zahl der Milliarden-Deals. Schiere Größe ist auch in Europa zum Unternehmensziel geworden. Märkte und Marktanteile werden zugekauft. Die Konzerne sichern zudem ihre Macht durch Partnerschaften mit Konkurrenten ab - der Wettbewerb droht zu ersticken... Noch nie kam die Unternehmenskonzentration so flott voran. Rechtzeitig vor Einführung des europäischen Binnenmarktes Anfang 1993 wollen sich die Konzerne die besten Startplätze sichern."

Den ersten großen Deal feierte man im Dezember 1991 in einem portugiesischen Dorf, wo VW und Ford gemeinsam den Grundstein für eine Fabrik zur Herstellung und Montage einer neuen Limousine legen ließen. Das Berliner Kartellamt äußerte sich damals kritisch, doch fiel das nicht ins Gewicht, denn - so "Der Spiegel" - :" Die EG ist seit Herbst 1990 für Großfusionen mit grenzüberschreitenden Aktivitäten zuständig. Sie prüft die Fälle großzügig. Von 55 Zusammenschlüssen, für die sie bisher zuständig war, wurde lediglich einer abgelehnt."

Diese "Gewinnquote" könnten Treuhand und Bonn verleitet haben, die Kalifusion mit dem Paragraphen-Brecheisen zu betreiben, die Schließung von Bischofferode inklusive. Die Treuhand setzte die Konstruktion in Gang, eine ausreichende Mehrheit von Parlamentariern stimmte zu und damit schien der Erfolg garantiert.

Als die Kali-Kumpel am 10. Dezember Widerstand ankündigten und am 7. Januar das Werk besetzten, mag man in den Chefetagen, in denen die Fusion ersonnen worden war, noch unbesorgt gewesen sein. Proteste, Demonstrationen? In den neuen Bundesländern alltäglich. Sie versanden meist in Resignation.

Doch in Bischofferode war alles ganz anders!

Als Kohl in Bonn Zusagen machte, die sein Wirtschaftsminister Rexrodt respektlos als der Planwirtschaft entlehnt bezeichnete, Rita Süßmuth tröstend vor Ort erschien, Ministerpräsident Bernhard Vogel plötzlich 700 Arbeitsplätze aus dem Nichts zauberte und die IG Bergbau in riesigen Anzeigen die Kollegen "mahnte", endlich auf Hungerstreik und Widerstand zu verzichten, wußten alle, daß die Fusionsbrücke ins Wanken zu geraten drohte.

Stutzig mußte auch machen, daß Bundeswirtschaftsminister Rexrodt plötzlich hektisch gegen einen Antrag des

Berliner Bundeskartellamtes opponierte, den Fusionsantrag von den Brüsseler Schreibtischen zurückzuholen und zunächst den Berliner Kartellprüfern vorzulegen. Seine Ministermacht reichte aus, das zu verhindern. Das Argument der Kartellexperten, die Fusion würde neue marktbeherrschende Positionen schaffen, schlug er in den Wind, doch blieben ihm die Herren die Antwort nicht schuldig: "Wir werden unverzüglich eine eingehende Stellungnahme nach Brüssel schicken!"

Nicht nur Bischofferode blickte also gespannt nach Brüssel.

Inzwischen aber hatten die Kalikumpel einen Effekt erzielt, der die viele verblüffenden Bonner Versprechungen noch erklärbarer werden läßt: Die Weltöffentlichkeit wurde aufmerksam! Reporter, die nach den Jubelrauschtagen ihre Berliner Büros geräumt oder zumindest geschlossen hatten, jetteten wieder nach Deutschland und suchten auf den Karten den Weg nach Bischofferode.

Massenhungerstreik unter den vom Kommunismus Befreiten?

Bischöfe an der Spitze von Demonstrationen?

Massenaustritte aus der Kohl-Partei?

Was war da geschehen? Man witterte eine Sensation!

Die Bundesregierung war im Hinblick auf Brüssel noch guter Dinge, denn der vom Rhein in die belgische Metropole delegierte EG-Oberkommissar Bangemann bemühte sich, mit offiziellen Erklärungen Zuversicht zu verbreiten und ein wenig auch seine zuständigen Kollegen aus anderen Ländern unter Druck zu setzen.

Am 16. August, einem Montag, lieferte der Bischofferode-Schacht in den TV-Nachrichten aller deutschen und vieler ausländischer Sender einmal mehr die Kulisse für die Spitzennachricht.

Es fand sich sogar noch ein rotes Telefon aus DDR-Zeiten und schien den Fernsehleuten das der Situation angemessenes Gerät für den Empfang der Nachricht aus Brüssel.

So sah sich das in der ARD-Tagesschau an:

Nachrichtensprecher: "Ernste Bedenken meldete Brüssel gegen den Fusionsvertrag zwischen der mitteldeutschen Kali-AG und der BASF-Tochter Kali und Salz Kassel an. Wegen dieser Bedenken wurde eine umfassende Prüfung eingeleitet. Thüringens Regierungschef Vogel begrüßte die Entscheidung."

Reporterin vor dem Schacht: "Obwohl offiziell Werksferien sind, ist der Betriebsrat in Bischofferode an diesem Morgen vollzählig versammelt. Immer wieder wird telefoniert. Kurz vor zwölf..."

(Szenenwechsel. Ein Mann am roten Telefon)

"...dringt dann die Nachricht durch, daß die EG-Kommission die deutsch-deutsche Kali-Ehe für bedenklich hält. Die offizielle Begründung aus Brüssel...

(Szenenwechsel. Vor der Kamera der zuständige EG-Kommissar Karel van Miert an seinem Schreibtisch)

"...In erster Linie gibt es die marktbeherrschende Stellung nicht nur in Deutschland, aber es hat auch Auswirkungen auf die Gesamtgemeinschaft und deswegen müssen wir das ernsthaft überprüfen."

Frage des Reporters: "Sehen Sie eine mögliche Lösung?"

Karel van Miert: "Es ist zu früh, das zu sagen. Weil es ernsthafte Bedenken gibt, muß hier mit allen Beteiligten darüber geredet werden. Aber es ist schwierig zu sagen, ob denn, so wie es heute ist, ob man das überhaupt genehmigen kann."

Reporterin in Bischofferode: "Das heißt: eingehende Prüfung der Kalifusion. Vier Monate kann das Verfahren dauern. Auch wenn die Fusion dann genehmigt wird, rechnen die Kumpel sich Vorteile aus, hoffen, daß Brüssel Auflagen macht, zum Beispiel die, daß einzelne Werke wie Bischofferode aus dem Vertrag herausgenommen werden. Die Entscheidung heute, für sie ein Erfolg."

(Szenenwechsel. Vor Kamera und Mikrofon Betriebsratsvorsitzender Brodhun)

"Diese Entscheidung von Brüssel entsprach meiner innersten Überzeugung und zwar meinen Wunschvorstellungen. Also: Zeitgewinn drei Monate, um alles, was fehlerhaft ist, zu korrigieren und eventuell auch drei Monate Zeit, um unsere Politiker doch noch zu überzeugen, daß sie ihre Meinung revidieren."

(Szenenwechsel. Blick auf die Fassade der Treuhandanstalt in Berlin, danach Vorstandsmitglied Wolf Schöde)

"Bei der Treuhandanstalt in Berlin dagegen Kritik. Hier befürchtet man, daß die Brüsseler Intervention die Umstrukturierung der Kali-Industrie verzögert und damit Arbeitsplätze gefährdet."

Schöde: "Für die Kali-Industrie in Ostdeutschland bedeutet es, die Fusion ist auf die lange Bank geschoben und die Vorteile, die wir uns von der Fusion erhofft haben, kommen jetzt erst viel später. Für Bischofferode bedeutet es, daß über die Stillegung im Augenblick nicht befunden werden kann. Das verbessert aber die Situation der Grube in Bischofferode leider überhaupt nicht."

(Szenenwechsel. Blick in die Räume des Betriebsrates, in denen man Transparente vorbereitet.)

Reporterin: "Die Kalikumpel sehen das anders. Sie haben neue Hoffnung geschöpft. Plakate für den nächsten Aktionstag am kommenden Samstag. Auch bei den achtzehn Männern und fünf Frauen im Hungerstreik war von Aufhören heute noch keine Rede. Die endgültige Entscheidung darüber, ob und wie der Arbeitskampf fortgesetzt wird, soll auf einer Betriebsversammlung in den nächsten Tagen fallen."

Ein Sieg?

Triumphierten - um Brechts Johanna zu zitieren - die "Unteren" über die "Oberen"?

Wird die "Kluft zwischen oben und unten, größer als zwischen dem Berg Himalaja und dem Meer" aufgehoben?

Nichts von alledem!

Eine Schar entschlossener Bergarbeiter hat durch ihren Kampf ein Signal gesetzt, hat den sieggewohnten Konzernen aus ihrer durch Solidarität befestigten Wagenburg heraus, eine Schlappe zugefügt, die auch möglich wurde, weil Konzerne gegen Konzerne um die Märkte kämpfen.

Nicht viel mehr ist geschehen, als daß die "oben" wieder einmal erfahren mußten, die da "unten" sind nicht wehrlos - wenn sie zusammenstehen!

"Verbunden werden auch die Schwachen mächtig" schrieb Schiller im "Wilhelm Tell" und Bettina von Arnim konstatierte schon vor über 150 Jahren: "Die Armen sind ein gemeinsames Volk, aber die Reichen sind nicht ein gemeinsames Volk, da ist jeder für sich, und nur dann sind sie gemeinsam, wenn sie eine Beute teilen auf Kosten des Volkes."

In Bischofferode stritten sie sich um die Beute...

Am 16. August, dem Tag, an dem in Brüssel eine gewissenhafte Prüfung des Fusionsv ertrages angekündigt wurde, wandten sich die Bischofferoder Kumpels in einem neun Punkte umfassenden Offenen Brief an alle Kollegen in Ost und West. Es ist ein Dokument, geschrieben in selten klarer, unnachgiebiger, aber auch klärender Sprache. Man kann es im Kapitel "Chronik" nachlesen und sollte es nicht versäumen es tun!

"Man sagt", schreiben die Kumpels, "wir erzählen die 'Mär' vom bösen Monoplokapitalismus... Die Erkenntnisse von der Gewaltigkeit der Monopolinteressen, haben uns in erster Linie die Vertreter des Kapitals und derem Helfershelfer selbst nahe gebracht."

Brecht wollte den Kapitalismus auf die Bühne bringen. Er erlebte die Stunde der Aufführung nicht mehr. Das sollte allen zu denken geben!

Geheimnisvoller als Jäger 90?

Heiner Brodhun (Bischofferode)
Vorsitzender des Betriebsrates in Bischofferode

Bischofferode - den Namen kannte vor einem Jahr außerhalb des thüringischen Eichsfeld kaum jemand. Seit der Werksbesetzung und dem Hungerstreik ist er in aller Munde. Im Bonner Kanzleramt appellierte man an unsere Einsicht, von der Gewerkschaftszentrale wirft man uns vor, wir haben uns verrannt. So geht man vielleicht mit ungezogenen Kindern um, aber nicht mit Menschen, die wissen, was Arbeit heißt. Und die zum äußersten Mittel greifen müssen, um sie zu behalten.

Das Todesurteil über die Kaligrube war bereits am 10. Dezember vorigen Jahres verhängt worden, als sich Treuhand, Mitteldeutsche Kali AG (MdK) und der in Kassel sitzende Vorstand von Kali und Salz auf ein Fusionskonzept einigten, in dem für Bischofferode kein Platz mehr war. Dabei hatte ein paar Monate zuvor, am 6. Juli, Thüringens Ministerpräsident Vogel (CDU) bei einem Besuch versichert, Bischofferode wird nicht geschlossen. Die gleiche Auskunft bekam der CDU-Bundestagsabgeordnete Reddemann noch im Oktober 92 in der Treuhandzentrale in Berlin. Schließlich waren 1991/92 noch Investitionen in Millionenhöhe für Brecher, Großgeräte, selbst für Computeranlagen getätigt worden. Die größte Sanierung lief noch im Herbst vergangenen Jahres, die Schachtsanierung des Wetterschachtes. Um so härter traf uns das Aus.

Man wollte uns für dumm verkaufen, indem man behauptete, die Weiterproduktion gefährde andere Kaliarbeitsplätze in Deutschland. Wenn Bischofferode bleibe, müsse eben ein anderes Werk schließen. Das ist aber eine Lüge. Kali ist nicht Kali so wie Sand nicht Sand oder Kohle nicht Kohle ist. Unser Produkt ist freifließend, nicht staubend, es backt also nicht an und kann deshalb über längere Zeit gelagert werden

- ein Vorteil, den die Kunden auf dem Weltmarkt, auch in der alten Bundesrepublik, schon vor der "Wende" zu schätzen wußten. Wir sehen auch für die Zukunft Chancen. Immerhin konnten wir den Stamm-Markt Nord- und Westeuropa nach 1990 halten. Unser Kali ist in der MdK auch nicht substituierbar, weder Zielitz noch Unterbreizbach oder Merkers können es herstellen ebensowenig wir umgekehrt ihr Produkt. Die Berührungsängste wurden künstlich geschürt, um Entsolidarisierung unter den ostdeutschen Bergleuten zu erreichen. Was ja auch zum Teil gelungen ist.

Die nächste Lüge war, daß man von seiten der westdeutschen Konkurrenz die Mitteldeutsche Kali AG im allgemeinen und Bischofferode im besonderen als so marode hinstellte, daß internationale Interessenten von vornherein abgeschreckt wurden. Angeblich habe man 40 eventuell interessierte Unternehmen "kontaktet".

Ergebnislos. Kurioserweise fusionierte Kali und Salz, Tochterunternehmen des Chemieriesen BASF, letzten Endes mit der angeblich so heruntergewirtschafteten MdK. Noch im Dezember hatte man uns gesagt, wenn sich ein Investor findet, könnte das Werk auch privatisiert werden. Doch als sich in der Person von Herrn Peine aus Westfalen ein ernsthafter Käufer einstellte, war keine Rede mehr davon. Von dem Tag an war die Freizügigkeit der Vorstände und der Treuhand wie weggeblasen. Man pochte auf den Fusionsvertrag, den außer denen, die ihn unterschrieben haben, niemand kennt. Wahrscheinlich hält die Hardthöhe die Konstruktionsunterlagen des Jägers 90 nicht so geheim wie Finanzministerium und Treuhand die Einzelheiten dieses Vertrages.

Das macht uns schon mißtrauisch. Offenbar findet hier eine Marktbereinigung statt. Da wir eine starke Konkurrenz darstellen, müssen wir ausgeschaltet werden...

Weil wir dieses Spiel aus Lügen und falschen Hoffnungen satt haben, wehren wir uns. Und wenn einige Politiker und auch gewisse Medien den Arbeitskampf der Kaliwerker als Erpressung des Steuerzahlers und als Nötigung des Staates darstellen, dann beweisen sie nur, daß sie nichts begriffen haben. Bestärkt werden wir in unserer Haltung durch die Welle der Solidarität, nicht nur aus den neuen, sondern auch aus den alten Bundesländern. Täglich erreichen uns Briefe, Faxe, Geldspenden, auch aus dem Ausland, aus Holland, Österreich, Kanada, den USA, Kolumbien, Brasilien, es ist so enorm.

Hätten wir uns in das stille Sterben gefügt, keiner würde groß von uns Notiz nehmen. Ein Abgang mehr auf der Endlosliste der Abwicklungen. Allein in Thüringen sind in den letzten drei Jahren drei Viertel aller Arbeitsplätze abgebaut worden, in den anderen ostdeutschen Bundesländern sieht's nicht viel besser aus. "Bischofferode ist überall" die Losung habe ich, es ist schon Wochen her, auf Transparenten gelesen, mit denen Belegschaften vor der Berliner Treuhandzentrale demonstrierten. Inzwischen sieht man den Spruch überall.

(Aus "Neues Deutschland" vom 31. Juli 1993)

Bischofferode ist kein Modell

Kerstin Schwenn (Frankfurt/Main)
Journalistin

Ein kleiner Ort im thüringischen Eichsfeld ist zum Symbol geworden für den Kampf der Ostdeutschen um ihre Arbeitsplätze. Bei der Erwähnung von "Bischofferode" hat jeder das Bild hungerstreikender Kaliarbeiter vor Augen, erschöpft auf ihren Feldbetten, wütend über ihr Schicksal. Die ökonomischen Fragen um die Schließung der Kaligrube sind längst in den Hintergrund getreten.

Gelohnt hat sich der Hungerstreik für die Kumpel schon: Die Bundesregierung sagte Ersatzarbeitsplätze bis 1995 zu, die thüringische Landesregierung erweiterte das Angebot sogar zur fristlosen Garantie. Doch die Arbeiter streiken weiter. Sie fordern nicht irgendeinen Arbeitsplatz. Sie wollen weiter Kali förden. Sie wollen, daß sich in ihrem Leben nicht noch mehr ändert, als sich in den vergangenen drei Jahren ohnehin schon geändert hat. Ihr Verhalten ist irrational geworden: Was kann jemand, dessen Arbeitsplatz wegfällt, angesichts der Lage im Osten noch mehr wollen als eine neue Arbeit? Seit der Wende sind in den neuen Ländern Millionen von

Arbeitsplätzen ersatzlos verschwunden. Die meisten Ostdeutschen haben den Umbruch hingenommen - so leise kla-
gend, daß es im Westen kaum zu vernehmen war. 1,1 Millionen Menschen sind zur Zeit arbeitslos.

Ist die Stimmung im Osten umgeschlagen? Kommt vier
Jahre nach der Wende nun der heiße Herbst, vor dem viele
schon 1990, 1991 und 1992 warnten. Sicher ist: "Die Stimmung" im Osten gibt es nicht, es gab sie nie. Jene, die Arbeit
haben, die Geld verdienen, die die neuen Freiheiten genie-
ßen, trauern dem alten System keine Sekunde nach. Dies ist
die eine Hälfte der ostdeutschen Bevölkerung. In der anderen
Hälfte jedoch ist die Verzweiflung spürbar größer geworden
und mit ihr die Wut. Viele werden das Gefühl nicht mehr los,
vom Westen "über den Tisch gezogen worden zu sein". Eine
Dolchstoßlegende droht sich auszubreiten. Die Wut der Menschen im Osten richtet sich gegen die Bundesregierung, die
Landesregierungen und vor allem gegen die Treuhandanstalt,
der es nicht gelingt, Entscheidungen plausibel zu machen.
Daß in diesem Jahr wieder mehr als 130 Milliarden DM netto
von West nach Ost transferiert werden, interessiert denjeni-
gen nicht, der 900 DM Arbeitslosengeld im Monat bekommt.

Bischofferode ist überall, sagen nicht mehr nur die Kaliarbeiter. Ist Bischofferode überall? Tatsächlich werden überall
in den neuen Ländern dieses Jahr noch Zehntausende entlassen. In der Treuhand und in Bonn wächst die Sorge, das
Bischofferöder Beispiel könnte im Osten Schule machen. Die
Betriebsräte anderer großer Treuhandunternehmen haben zur
Kenntnis genommen, daß erst der erpresserische Druck eines Hungerstreiks Politiker zu lange erhofften Garantien
zwingt. Der Betriebsrat der Deutschen Waggonbau AG hat
schon seine Bereitschaft zur Nachahmung kundgetan. Dort
werden dieses Jahr noch 2000 Leute entlassen, 1300 mehr
als in Bischofferode. Auch die Belegschaft des Eisenhütten-
städter Stahlwerks Eko hat ihre Anerkennung für die Kumpel
ausgedrückt. Mehrere konkursgefährdete privatisierte Betriebe werden von Mitarbeitern besetzt gehalten.

Die kämpferischen Ost-Betriebsräte bekommen Unterstützung von Politikern jeglicher Couleur. Die brandenburgische
Arbeitsministerin Regine Hildebrandt (SPD) hat Verständnis

gezeigt für den Hungerstreik, weil "denen da oben" anders nichts klarzumachen sei.

Der SPD-Bundestagsabgeordnete Wieland Sorge, stellvertretender Vorsitzender des Treuhandausschusses, hungerte sogar in Bischofferode mit.

Gregor Gysi (PDS) war als einer der ersten im Schacht, um seine Solidarität zu beweisen, PDS-Bezirksverbände von überall haben Grußadressen nach Bischofferode gesandt. Viele im Eichsfeld, die 1990 CDU gewählt haben, fühlen sich heute der PDS - ebenfalls "Verlierer der Einheit" - am meisten verbunden. Zurückhaltender sind die Arbeiter, wenn CDU-Politiker kommen, wie Ministerpräsident Bernhard Vogel oder Bundestagspräsidentin Rita Süßmuth, weil sie jene repräsentieren, die für die "Misere" verantwortlich gemacht werden.

Die westlichen Gewerkschaften tun sich schwer mit der Situation. In der Rezession wird fast jede Investition im Osten mit entsprechendem Verzicht im Westen und dort gefährdeten Arbeitsplätzen bezahlt. Der Vorsitzende der IG Bergbau, Hans Berger, mußte sich von den Bischofferöder Kaliarbeitern als Arbeiterverräter beschimpfen lassen, weil er der Schließung der Grube mit Blick auf die gesamtdeutsche Kaliindustrie zugestimmt hatte. Die IG Chemie wird mit Mißtrauen beobachtet, weil sie mit der Treuhand einen Pakt abgeschlossen hat: Die Gewerkschaft trägt den Arbeitsplatzabbau im Osten mit, dafür gewährt die Treuhand die Zusatzfinanzierung für Ersatz-ABM in der Chemiesanierung...

Jene Ostdeutschen, die von den Folgen der Wende enttäuscht sind , haben ihre Hoffnungsträger von 1990 im Laufe der Zeit abgeschrieben.

Die wachsende Unzufriedenheit in den neuen Ländern gilt als Risiko für den sozialen Frieden. Aber nichts wäre gewonnen, wenn man eine Industrienation durch den flächendeckenden Erhalt unrentabler Betriebe in die Armut triebe.

(Aus "Frankfurter Allgemeine Zeitung", 13. August 1993)

Kirche kontra Treuhand

Christoph Demke (Magdeburg)
Bischof

Diese Entscheidung ist - im Blick auf die Bergleute in Bischofferode - eine ungeheure Provokation der Öffentlichkeit. Auf breiter Ebene war für den Erhalt des Schachtes eingetreten worden. Die Schließung des Kali-Schachtes, der gegenwärtig noch zu 85 Prozent ausgelastet ist und auch über Abnehmer seiner Produktion verfügt, darf nicht hingenommen werden.

Die Gründe für die Entscheidung des Ausschusses müssen offengelegt werden. Der von einem Treuhandvertreter gegebene Hinweis, die Produktion in Bischofferode könne nach Schließung des Schachtes durch Importe aus Kanada ersetzt werden, ist eine Verhöhnung der Bergleute und ihrer Situation.

Es fragt sich, wessen Marktinteressen die Treuhand vertritt und wessen Interessen die Arbeitsplätze von Bischofferode geopfert werden sollen.

Wenn der Ausschuß des Bundestages keine befriedigende Auskunft über die Gründe seines Beschlusses geben kann, müssen die Kirchen sich dafür einsetzen, daß anhand des konkreten Beispiels Bischofferode, die Arbeit der Treuhand untersucht wird. Zu untersuchen sind die Wirkung verschiedener Interessen auf die und die Sozialverträglichkeit der Treuhand-Entscheidungen.

Die letzte Entscheidung für die geplante Fusion liegt beim Bundesminister der Finanzen. Er hat sie, auch unter Berücksichtigung der politischen Zusammenhänge, zu fällen. An ihn ist weiter zu appellieren, sich für die Herauslösung des Bischofferoder Kali-Schachtes aus der Fusion einzusetzen und damit für dessen Erhalt.

(Aus "Neues Kali-Echo" 1. 8. 1993)

Nur das eigene Gesicht wahren wollen?

Ruth Martin (Berlin)
Rechtsanwältin

Als ich am 20. Juli erstmals nach Bischofferode fuhr - der Betriebsrat des Kaliwerks hatte mir per Fax das Mandat erteilt, ihn zu vertreten - geschah dies mit der Überlegung, daß ich den Kumpels insbesondere mit den Möglichkeiten des Betriebsverfassungsgesetzes juristisch mit Rat und Tat zur Seite stehen könnte. Jetzt nach drei Treffen von Betriebsratsmitgliedern mit führenden Politikern und Beamten dieses Staates, an denen ich teilnehmen konnte, bewegen mich menschliche Dinge ungleich stärker: Die offenkundige Unwissenheit, mit der in Bonn eine offensichtliche Entscheidung getroffen wurde; die soziale Dickfelligkeit, die damit einhergeht und - dies am stärksten - die Tatsache, daß die Sorge, das "eigene Gesicht" wahren zu müssen, offensichtlich alle Entscheidungen bestimmt.

Gleich am ersten Tag meiner Ankunft gab es das Treffen von Betriebsrat, Bürgermeistern und Landrat mit Frau Süßmuth in Worbis. Die Bundestagspräsidentin wollte sich überhaupt erstmal über den Kern des Problems informieren, denn normalerweise sei eine Fusion ja kein Grund, einen Betrieb zu besetzen und in den Hungerstreik zu treten, so Frau Süßmuth... Zuletzt meinte Frau Süßmuth, daß ein Hungerstreik dennoch keinen Sinn mache, Verhandlungen belaste, das Klima für Investoren vermiese. Fast gebetsmühlenartig wurde diese These auch bei weiteren Treffen, letzten Donnerstag im Bonner Kanzleramt, am Freitag im Bundeskartellamt wiederholt. So Kanzleramtsminister Bohl: Man werde einen Teufel tun und in dieser Gegend eine dort geplante Ministerkonferenz zur Verkehrspolitik nach der deutschen Einheit durchführen, solange Hungernde dem Klima einer konstruktiven Strukturpolitik entgegenstünden... Die deutschen Wettbewerbswächter in Berlin wiederum meinten, die zuständige EG-Kommission in Brüssel stünde im Angesicht eines Hungerstreiks mit undenkbaren Gefahren für Menschen unter einem unzumutbaren Druck. Deutlich wurde jedenfalls eines. Das eigentliche Ärgernis ist der Hungerstreik an sich... Besonders erschütterte mich das Verhalten der Gewerkschaften, insbesondere der IG Bergbau/Energie. Deren Vertreterin hatte sich in Bonn nicht zu Unrecht einen Platz auf der Regierungsseite gesucht, signalisierte zwar neue Gesprächsbereitschaft, strich aber ebenfalls die geplante Privilegierung der Bischofferoder heraus.

(Aus "Berliner Linke" 31/1993)

Das Hungern frißt Nerven

"Der Spiegel" (Hamburg)

Der Riese bekommt feuchte Augen, aber weinen will er nicht. Gerhard König, 51, ist fast zwei Meter groß und hat nach über 20 Jahren im Kalibergwerk ein Kreuz im Schrankformat. Doch als ihn an diesem Mittwoch morgen seine Frau besucht, sagt sie nur, "Mein Gott, Gerhard, dein Gesicht ist eingefallen. Du sieht ganz schwach aus."

König hält sich am Geländer fest, das in der früheren Werkskantine "Warmstrecke" und "Kaltstrecke" teilte. Die Kantine, in der täglich mehr als 1800 Mahlzeiten verteilt wurden, ist schon seit über einem Jahr geschlossen. Für die übriggebliebenen 700 Arbeiter gibt es seitdem nur noch eine Imbißbude vor dem Werkstor.

Königs Schwägerin sagt: "Das Hungern geht nicht nur ans Fett, das frißt die Nerven."

Seit dem 1. Juli ernähren sich König und 40 weitere Kumpel im thüringischen Kalibergwerk Bischofferode nur noch von "Thüringer Waldquell", überzuckertem Hagebutten-Tee und Multivitaminsaft. Der Hungerstreik der Belegschaft ist ein letztes, verzweifeltes Aufbegehren gegen die Schließung der Grube zum Jahresende: Arbeitskampf mit Körpereinsatz.

Die hungernden Arbeiter sind keine sturen Werktätigen, die nicht einsehen wollen, daß die behagliche DDR-Zeit mit staatlich garantierter Vollbeschäftigung vorbei ist. Was weder

Kalikumpel noch die Manager in Bischofferode verstehen: Ihr Kalisalz ist auf dem Weltmarkt gefragt, und es gibt einen westdeutschen Investor, der die Grube und 550 der 700 Arbeitsplätze erhalten will. Doch Treuhand und Poltiker wollen einen anderen Weg...

"Wenn wir dicht sind", brüllt Betriebsrat Gerhard Jüttemann in sein Telefon, "kommt das Kali, das wir fördern, künftig aus Nordkanada."

Fast jeder Reporter fragt die Amtsärztin Rosemarie Sonnebaum, 51, wie lange ein Mensch so einen Hungerstreik wohl aushält. "Das kommt auf den einzelnen an", antwortet die Ärztin dann immer.

Täglich untersuche sie jeden Kumpel, dreien habe sie schon empfohlen aufzuhören. "Doch mehr kann ich auch nicht tun."

Angelockt von Kameras und Mikrofonen, schickt am späten Nachmitttag die Landesregierung ihren Wirtschaftsminister. Doch Jürgen Bohn (FDP) hat den Kumpeln keine konkreten Pläne mitgebracht, nur stumpfe Politikerphrasen: "Ich kann ihre Verbitterung nachvollziehen", sagt Bohn und blickt, um seine Betroffenheit auch für die Kameras zu illustrieren, auf den Boden.

Doch gegen leere Solidaritätsformeln sind die Kumpel längst resistent: 600 Meter unter der Erde, wo Ehefrauen und weibliche Grubenangestellte täglich zehn Stunden streiken ("Wir können die Last nicht allein den Männern überlassen"), erlebt Bohn lange zehn Minuten.

Immer wieder will der Minister zurück zum Förderkorb, der ihn nach unten gebracht hat. Doch die Frauen lassen nicht locker: "Bleiben Sie doch hier. Setzen Sie ein Zeichen." Derartig bedrängt, unterläuft Bohn noch ein böser Versprecher: "Ich bin nur der Kaliindustrie verpflichtet", sagt er.

(Aus "Der Spiegel 28/1993)

Über Gysi

"Der Spiegel" (Hamburg)

Da kommt er endlich, der gute, wahre, einzige Freund. Ein dunkelgrüner Audi bremst vor dem Werkstor, und es entsteigt der einzige Politiker, dem die hungernden Kumpel im thüringischen Kali-Werk Bischofferode noch glauben: "Der Kleine kommt, der Kleine kommt", rufen die Bergleute, und schon umringt Gregor Gysi ein Menschenauflauf aus leuchtfarbenen Jogginganzügen.

Der ehemalige PDS-Chef, wieder ganz geschmeidiger Populist mit sicherem Gespür für die richtige Medienwirkung, spricht brav sein kurzes Statement in die Mikrofone, ("Als Jurist und Politiker kann ich sagen, es gibt noch Chancen"), lächelt zu den Kameras und eilt zum Pritschenlager der Hungernden in die ehemalige Werkskantine.

Er drückt schnell einigen der geschwächten Streikenden die Hand ("Wie geht's?"), und schon sitzt Gysi am großen Tisch im holzgetäfelten Konferenzraum, wo früher der Genosse Honecker den Grubenleitern die Glückwünsche der Werktätigen übermittelt hat. Wortgewandt argumentiert der Bundestagsabgeordnete Gysi gegen die Schließung der Kali-Grube: "Die Treuhand hat unterschrieben, was kein seriöser Unternehmer unterschreiben würde." Nach jedem zweiten Satz gibt's lauten Beifall von den Kumpeln.

Solch einen herzlichen Empfang bereiten die Arbeiter anderen Besuchern schon lange nicht mehr: Zu viele kommen nach Bischofferode zum Hungerstreik-Tourismus. Drei bis vier Reisegruppen - aus Dresden, Halle oder Rheinhausen -, die alle ihre "Solidarität mit den Kollegen" erklären, müssen die Hungernden täglich ertragen.

"Da will jemand mit euch sprechen", sagt ein Betriebsrat. "Klasse", antwortet eine der fünf streikenden Frauen mit unüberhörbarem Sarkasmus.

Die 38 Hungernden sind für die Besucher eine seltene Spezies: ostdeutsche Arbeitnehmer, die sich ungewohnt hartnäckig gegen Treuhand und Politiker wehren. Eintritt frei, nur Füttern ist verboten.

Routiniert geben die Betriebsräte schon die kleine Tour: Zur Rechten hängen die fünf verwackelten Fotos von der Demo in Berlin. "Das war vor dem Gebäude der Treuhand, hier sieht man die Provokateure in Zivil, die uns kriminalisieren wollen." ...

Die Streikenden wollen weiter hungern, solange sie sich noch an die Hoffnung klammern, die EG-Kommission könnte die Fusion der ostdeutschen Gruben mit der BASF-Tochter Kali und Salz verhindern. In Bonn und Erfurt, das wissen sie, ist nichts mehr zu erreichen.

Die halbe Stunde am eckigen Tisch ist vorbei, Gysi hat gegen die Treuhand, den zukünftigen Grubeneigentümer BASF und die Bonner Politiker polemisiert: "Die Kali-Kumpel setzen sich für Marktwirtschaft ein, die Treuhand macht Planwirtschaft - nur schlechter." Jetzt will er ins Betriebsratsbüro, um die Kumpel zu beraten.

Auf dem Weg dahin stellt Gysi noch einmal klar, daß er hier nicht im vorgezogenen Wahlkampf sei. "Ich habe Urlaub, und der Kampf der Kali-Kumpel ist ein rein persönliches Anliegen."

(Aus "Der Spiegel" 30/1993)

Ohne sachkundigen Investor...

Birgit Breuel (Berlin)
Präsidentin der Treuhandanstalt

ZEIT: Viele halten den Ostdeutschen vor , sie ließen sich zu leicht unterbuttern. Jetzt begehren sie auf - und nun ist es auch wieder nicht richtig.

Breuel: Daß die Ostdeutschen ihren Protest anmelden, ist völlig legitim. Ob sie die in Bischofferode eingesetzten Instrumente verantworten können - auch den Familien gegenüber - ist eine Frage, die jeder einzelne beantworten muß.

ZEIT: Der Fall Bischofferode scheint doch den Verdacht zu bestätigen, daß vor allem in vermachteten Märkten Westunternehmen die schwierige Lage im Osten dazu nutzen, um potentielle Konkurrenten platt zu machen.

Breuel:... Ohne einen sachkundigen Investor sind die Ost-
gruben nicht am Leben zu erhalten. Wir haben weltweit vierzig überhaupt nur denkbare potentielle Investoren angespro-
chen. Keiner davon ist geblieben. Die Alternative war, entwe-
der alles im Osten stillzulegen oder die Lösung mit Kali +
Salz zu suchen und gleichzeitig dafür zu sorgen, daß das
Geld, das wir hineingeben, in die ostdeutschen Gruben investiert werden muß. Ich glaube, im Interesse einer gesamtdeutschen Kaliindustrie ist dies wirklich die einzig denkbare,
wenn auch für viele Menschen schwierige Lösung.
(Aus "Die Zeit" vom 30. Juli 1993)

Die Konstruktion

Prof. Eberhard Hamer (Hannover)
Chef des Instituts für Mittelstandsberatung

Frage: Ist der Hungerstreik in Bischofferode sinnvoll?
Hamer: Ja. So wird endlich darauf aufmerksam gemacht,
daß ein Großteil der westdeutschen Konzerne die Konkurrenz
in Ostdeutschland gezielt ausgeschaltet hat. Sie wollten den
Markt, aber keine Produktion.
Frage: Wie konnten sich die Westkonzerne durchsetzen?
Hamer: Deren Manager rückten in die Treuhand-Firmen
und -Chefetagen als Vorstände ein und stellten die Weichen,
daß die Ostkonzerne den westlichen nicht mehr gefährlich
werden durften.
(Aus "Berliner Kurier" vom 2. August 1993)

Dem Geschrei nicht nachgeben

M.Günkel/H.Krumrey/P.Speier
Journalisten

"Die Belegschaften wollen Betriebe retten, die wirtschaftlich
nicht zu halten sind", sagt Otto Gellert, der stellvertretende
Verwaltungsratsvorsitzende der Treuhandanstalt. "Die Thüringer Landespolitik hat es sich leichtgemacht und sich an die

Spitze dieser Bewegung gesetzt. Jetzt sind ihr die Dinge aus der Hand geglitten", Gellert weiter, Er schließt nicht aus, daß sich auch die 300 000 Beschäftigten der verbliebenen Treuhandbetriebe solidarisieren. Mit einem Generalstreik rechnet er jedoch nicht... Kalte Füße bekommen auch die Bonner Politiker. Sie haben Angst, daß die erfolgreichen Hungerstreik-Erpresser von Bischofferode landesweit Nachahmer finden könnten. Ihr Dilemma: Sie müssen den politischen Schaden begrenzen, dürfen aber nicht jedem Druck nachgeben. Hoffnungsvoll verspricht Bonns Staatssekretär Joachim Grünewald: "Neue staats- oder subventionsabhängige Unternehmen werden hieraus nicht entstehen."

Bundeswirtschaftsminister Günter Rexrodt warnt vor der "Gefahr des Präjudizes - 700 Dauerarbeitsplätze kann man nicht ohne weiteres anbieten".

Die Ansteckungsgefahr ist groß, das hat mittlerweile auch der thüringische Ministerpräsident Bernhard Vogel eingesehen, der seine Zusage zu relativieren versucht. Sie sei "ein Angebot, das man so nicht wiederholen kann"...

Rexrodt: "Wir dürfen dem lautesten Geschrei, dem Besetzen und Hunger nicht nachgeben - das haut unser System kaputt."

(Aus "Focus" 30/1993)

Nicht das richtige System

Günter Labudda (Essen)
Journalist

Eugen Nolte, Bürgermeister des thüringischen Städtchens, steht an diesem verregneten Mittwochnachmittag hinter der verrammelten Toreinfahrt der Schachtanlage "Thomas Müntzer" und tauscht mit Betriebsratsmitgliedern und streikenden Arbeitern Ansichten zur Lage aus. Was er sich von dem für den kommenden Tag angekündigten Empfang einer Delegation der Kalikumpel bei Kanzleramtsminister Bohl verspricht? "Nichts. Da passiert überhaupt nichts. Die gehen nicht davon runter, uns hier den Laden dicht zu machen. Die möchten das im Interesse der BASF nur möglichst still und reibungslos abwickeln!"

Der Bürgermeister redet von dem Ludwigshafener Konzern in einer Tonlage, die der örtliche Pastor auf der Kanzel anschlägt, wenn in einem Bibeltext vom Satan und seinen Helfern die Rede ist. Und auch eine Portion Verächtlichkeit schwingt in Noltes Stimme mit, wenn er die Rolle von "Kohl und Bohl" würdigt: "Die tun nicht so viel", sagt er, Daumen und Zeigefinger zusammenpressend, "für die Interessen der Kalikumpel. Die einzigen Interessen, die für diese Leute zählen, sind die der BASF und überhaupt des Kapitals."

Der Mann, den einige nach seinen Reden für einen Kommunisten halten würden, gibt nur wieder, was hier allgemein Volkes Stimme ist. Er ist ein frommer Katholik und eine Stütze des Kirchenchors der Eichsfeldgemeinde, die wie alle Orte ringsum als unerschütterliche, tiefschwarze Bastion gilt. Außer seinen Haaren hat er nichts Rotes an sich. Als CDU-Kandidat wurde er seinerzeit mit dem Traumergebnis von 80 Prozent gewählt. Was wäre, wenn heute Wahlen in Bischofferode wären? "Aus dem Traumergebnis würde ein Alptraumergebnis" - sagt der UZ, einer der Kumpel aus der Runde. "Nicht einmal der Eugen, wenn er überhaupt noch Lust hätte, für die Union anzutreten, würde etwas daran ändern. Die Plattmacherpartei will keiner mehr. Die ist jetzt unwählbar!"

Im Nachbarort Holungen hat sich der gesamte CDU-Ortsverband aufgelöst. Die Leute schämen sich beinah, auf die Kanzlersprüche von den "blühenden Landschaften" im Osten hereingefallen zu sein. Alles lebte hier vom Kali. Heute ist jeder zweite Arbeitsfähige beschäftigungslos. Die für das Jahresende angekündigte Stillegung der Schachtanlage bedeutet das Aus für die letzten 700 Kumpel.

"Am Anfang habe ich noch geglaubt, das geht - so bitter es für jeden ist, der rausfliegt - in Ordnung, weil der 'Markt' nichts anderes erlaubt. Mit dem Einsatz von Arbeitskraft war die DDR ja nicht gerade sparsam - auch nicht bei uns. Aber einen maroden Betrieb hatten wir nicht. Unser Kali war und ist was wert auf dem Weltmarkt." Werner S. (50), Grubenmechaniker, steht nun ebenfalls ohne Wahl vor der Aussicht, auf die Straße zu fliegen, wie viele Kollegen, die vor ihm dran waren...

"Nicht, daß ich mich zurücksehne nach DDR-Zeiten", fügt einer der Freunde Königs hinzu. "Aber dieses System, wie wir das jetzt kennenlernen, kann doch nicht das richtige sein. Der einfache Mensch wird da auf andere Weise für dumm verkauft und vielleicht schlimmer, als das früher passierte."

(Aus "Unsere Zeit" vom 6. August 1993)

Offener Brief

Der Kumpels von Bischofferode an die Kolleginnen und Kollegen der Kali + Salz AG Kassel und die Mitglieder der Gewerkschaft Bergbau und Energie

Bischofferode, den 16.8.1993

Liebe Kolleginnen und Kollegen,

jüngst riefen der Betriebsrat der Kali und Salz AG und die IGBE zu einer Demonstration vor der Hauptverwaltung der K + S auf. Auf dem Flugblatt heißt es u. a.:

"In den letzten Wochen ... ist von verschiedener Seite in unverantwortlicher Weise die Kali-Fusion einseitig dargestellt worden." Es stehe nur ein Betrieb im Mittelpunkt. "Damit muß Schluß sein! Denn es geht um mehr, um das Ganze, um den Erhalt des deutschen Kali-Bergbaus mit 7 500 Arbeitsplätzen..."

Jawohl, damit muß jetzt Schluß sein! Wenn der Fusionsvertrag **öffentlich gemacht wird,** dann ist automatisch Schluß mit einseitiger Darstellung.

Wir, die Belegschaftsvertreter des Kaliwerkes Bischofferode, haben den gleichen Kummer- wie Ihr. Wir sehen leider zu selten unsere Gedanken, Argumente und die Ziele und Hintergründe unseres Arbeitskampfes sachlich richtig dargestellt. Laßt uns deshalb gemeinsam etwas dafür tun, daß alle Beteiligten und Betroffenen einander zuhören und verstehen lernen. Unterstützt unser Bestreben, den Fusionsvertrag offenzulegen. Das ist der erste Schritt zur Vermeidung von Mißverständnissen und Schuldzuweisungen! Macht Euch mit unseren Sorgen und Befürchtungen vertraut, aber auch mit unseren Argumenten:

Denn:

1. Die Bischofferöder Produkte stehen natürlich nicht als Agrardüngemittel, wohl aber als Vorprodukt für die Herstellung von Kaliumsulfat nach dem Mannheim-Verfahren einzigartig da gegenüber dem Sortiment aller anderen Werke des Fusionsunternehmens. Und unser K6O/K61 als solches Vorprodukt ist z.Z. und bis auf weiteres von anderen deutschen Schächten in den geforderten Eigenschaften nicht ersetzbar. Das mußte sogar Herr Dr. Schucht von der Treuhandanstalt einräumen. Von dieser Seite her gefährden wir nicht einen Eurer Arbeitsplätze, weil demzufolge unsere Abnehmer andere als Eure Kunden sind.

Damit ist auch entkräftet, daß der Markt hoffnungslos übersättigt sei.

Am 6. 8. 93 mußte der Vorstand der K + S AG einräumen, daß wichtige Abnehmer des Bischofferöder Kali, z. B. der Kaliumsulfathersteller Tessenderlo-Chemie/EMC-Belgien die im Austausch zu unserem Erzeugnis angebotene Zielitzer Produktion nicht akzeptiert. Die anderen Abnehmer hatten sich auf Ersatzlieferungen aus Zielitz erst gar nicht eingelassen.

Neben der Körnung ist beispielsweise für die Lieferungen nach Dänemark von Bedeutung, daß unser K60 unbehandelt und damit frei von chemischen Rückständen und Zusätzen ist, wie sie z.B. bei der Rohsalzverlösung durch das Flotationsverfahren auftreten. Das Bischofferöder Produkt ist also kein Standardprodukt, wie Treuhandvorstandsmitglied Dr. Schucht und seine Präsidentin der Öffentlichkeit ständig einzureden versuchen.

2. Der Verbrauch von Kaliumsulfat und sulfathaltigen Mehrnährstoffdüngern ist in den letzten Jahren stärker gestiegen als der Kaliverbrauch insgesamt. Für die Zukunft existieren zumindest keine gegenteiligen Prognosen, weil in den großen Verbrauchsgebieten der Welt die Böden Schwefeldefizite aufweisen und sulfathaltige Mehrnährstoffdünger deshalb als Zukunftsprodukte gelten.

3. Interessant ist, daß die dem Werk Bischofferode zugeschriebenen Jahresverluste jüngst beinahe von Tag zu Tag höher ausfallen, während die effektiv erzielten Verkaufserlöse vor uns geheimgehalten werden. Die Verluste wuchsen von

angeblich 20 Mio. (Schucht), über 26 Mio. (THA am 30. 7. 93) auf 20 - 40 Mio. (Bethge Anfang August 93) und schließlich sogar auf 46 Mio. DM (K + S AG am 6. 8. 93 - Pressekonferenz).

Übrigens liegt unser Werk bezüglich der verursachten Kosten im gesamtdeutschen Vergleich im Mittelfeld der nicht von Stillegung betroffenen Gruben! Die Begründung, das Werk aus betriebswirtschaftlichen Gründen zu schließen, ist also mehr als fragwürdig, wir meinen sogar, es ist eine Lüge!

4. Die von der Treuhandanstalt behauptete "intensive weltweite Suche" nach Interessenten für die ostdeutsche Kaliindustrie, die mit der Beauftragung der Londoner Investmentbank Goldman & Sachs im April 1992 einsetzte, hatte ganze 4 Monate gedauert. Davor war Kali + Salz schon lange da (z.B. 6 Tage nach dem Mauerfall am 15. 11. 89 in der Grube Merkers), sorgte auch dafür, daß seit 1990 kein ostdeutsches Kali mehr auf den westdeutschen Kalimarkt gelangte. Wir wollen kein Ausspielen Kalikumpel Ost gegen Kalikumpel West - wir wollen aber faire Bedingungen und hleiche Chancen alle. Wo aber ist Gerechtigkeit, wenn Grubensehließungen in Westdeutschland über Jahre gestreckt werden, im Osten aber in wenigen Monaten vollzogen werden sollen? Wo ist Gerechtigkeit bei Abfindungs- und anderen Regelungen?

Und wo ist Gerechtigkeit, wenn man bedenkt, daß unser Werk der letzte einigermaßen bedeutsame Arbeitgeber einer ganzen Region ist? Wo ist Gerechtigkeit, wenn die schon entlassenen 22 000 Südharzrevierbergleute noch heute auf insgesamt rund 27 Mio. DM versprochene Abfindung warten müssen?

5. Es wird behauptet, wir seien undankbar, wenn wir die Ersatzarbeitsplatzangebote von Bundes- und Landesregierung ablehnen. Wir lehnen sie ja gar nicht ab. Wir sagen nur, daß es höchste Zeit ist, solche Alternativen zu schaffen - und zwar für die, die seit Jahren ohne Arbeit sind und, anderenfalls auch keine mehr finden werden - unsere 22 000 ehemaligen Kolleginnen und Kollegen und die Arbeitslosen aus anderen Branchen. Wir aber können und wollen weiter im Schacht arbeiten.

6. Es wird behauptet, mit unserem Wunsch weiter-zufördem, würden wir auf Dauer subventionierte Arbeitsplätze beanspruchen, also "sozialistische" Wirtschaft wiederbeleben wollen. Wir sind es schon müde zu wiederholen, was jahre-lang in Westdeutschland in der Kohle praktiziert wurde. Wir verweisen nur darauf, daß eine zeitweilige Stützung unserer Produktion den Steuerzahler wesentlich billiger käme, als die Finanzierung der Verluste des Gemeinschaftsunternehmens und die Schließun' des Kaliwerkes Bischofferode.

7. Als wirtschaftspolitische Stütze wird von den Regierun-gen in Bonn und Erfurt immer Mittelstand hervorgehoben. Warum also privatisiert man unser Werk nicht unabhängig und losgelöst von den anderen zur Fusion bereiten Kaliwer-ken? Daß wir uns auf dem Mark nicht "totkonkurrieren" wer-den, ergibt sich aus unseren unterschiedlichen und jeweils schon lange feststehenden Marktanteilen.

8. Man sagt, wir erzählen die "Mär" vom bösen Monopolkapitalismus und lassen uns von "dubiosen" Parteien und Verbänden "aufhetzen". Gemeint werden damit die PDS, die Komitees für Gerechtigkeit und die ostdeutsche Betriebs-räteinitiative. Doch dazu später. Die Erkenntnisse von der Gewaltigkeit der Monopolinteressen, in unserem Fall des BASF-Riesen, haben uns in erster Linie die Vertreter des Kapitals und deren Helfershelfer selbst nahe gebracht, z. B. mit den lügenhaften Behauptungen von der Unwirtschaftlich-keit unseres Werkes, dem sogenannten Standardcharakter unserer Produkte, der Weigerung, eine Teilprivatisierung zu vollziehen oder der Verhinderung der Vertragsoffenlegung usw. Glaubt nicht, wir waren so einfältig, solches Verhalten nicht deuten zu können!

9. Was die sogenannten dubiosen Einflüsterer betrifft: Zum einen sind sie es, die uns am uneigennützigsten durch Spen-den und Mitarbeit, durch Rat und Tat zur Seite standen und stehen, aber sie stehen ja nicht allein! In einer Reihe mit ih-nen stehen Gewerkschafter fast aller Einzelgewerkschaften (auch der IGBE) und des DGB, Mitglieder der CDU (natürlich mehr die sogenannten einfachen), der SPD, der Bürgerbewe-gungen, Vertreter der Kirchen, auch Unternehmer und Ge-werbetreibende. Und deren Adressen sind nicht nur deut-

sche, sondern internationale. Inzwischen finden wir Gehör und Unterstützung auf allen Kontinenten dieser Erde. Wie dubios müssen diese sich mit uns Solidarisierenden sein?

Wir bitten Euch, wie es im Aufruf zur Demonstrafion am 17. 8. 93 geschrieben steht, forthin jedwede **einseitige** Darstellung abzulehnen und mit uns gemeinsam zu fordern:

Schluß mit der Geheimniskrämerei! Alle Dokumente auf den Tisch! Wir wollen uns gemeinsam ein Bild machen! Wir wollen uns nicht spalten lassen!

Glück auf!

Die Kumpel aus Bischofferode

(Aus "Neues Deutschland" vom 17. August 1993)

Appell an Frau Breuel

Käthe Reichel
Schauspielerin

Sehr geehrte Frau Breuel, ich möchte Ihnen sagen, Ihnen vorschlagen dürfen, geben Sie Ihren entsetzlichen Job auf. Sagen Sie Ihrer Partei, Sie seien eine Liberale, also ein Mensch, der über alles die Freiheit schätzt, die individuelle, und könnten darum diese Arbeit, die Millionen in Unfreiheit, in die Arbeitslosigkeit zwingt, nicht weitermachen, denn "Freiheit ist Leistung" hieß der Wahlspruch Ihrer Partei hier in der DDR im Frühjahr 1990... Drei Jahre danach, drei Jahre lang jeden Tag haben Sie dann Stacheldraht um Millionen Arbeitsplätze geknüpft. Davon, könnten Sie sagen, wären Ihnen die Finger jetzt blutig... Und die größte, die schwerste Arbeit, die mit der Axt, komme ja erst noch. Bitten Sie Ihre Partei, man solle für diesen Rest bitteschön einen gelernten Schlächter einstellen, der mit dem Beil umgehen kann... Und daß Sie darum jetzt fortgingen, wegwollten - wenn man Sie nicht läßt, nun, dann weinen Sie, bis Ihnen das Herz bricht, und seien Sie dann willkommen in Bischofferode.

CHRONIK

1991

25. Februar

Im Hamburger Magazin "Der Spiegel" erscheint eine Karte, die die als Sondermüll-Deponien ausgewählten Kali-Bergwerke ausweist. In diesem Zusammenhang wird auch Bischofferode erwähnt und auf einer Karte markiert. Das Magazin bezieht sich auf das Protokoll einer "geheimen Beratung", die am 26. November 1990 in Bonn stattfand und zum ersten Mal das Projekt erörterte, "alternative Nutzungsmöglichkeiten" für die "unrentablen Bergwerke" zu finden.

1992

9. Dezember

Die Treuhand gibt die beschlossene Fusion der Mitteldeutschen Kali AG Sondershausen und der Kali + Salz AG Kassel bekannt. Damit ist zugleich die Schließung des Thomas-Müntzer-Schachtes in Bischofferode für den 31. Dezember 1993 besiegelt. Der Pressesprecher der IG Bergbau und Energie, Norbert Römer, nennt die Entscheidung eine "entscheidende Weichenstellung für das Überleben des deutschen Kalibergbaus," und bekennt: "Wir haben mit unserem Rahmenkonzept seit langem einen solchen Schritt gefordert und uns überall für seine Verwirklichung eingesetzt."

10. Dezember

Die Kumpels antworten mit einer Erklärung, die Entscheidung der Treuhand nicht widerspruchslos hinnehmen zu wollen.

24. Dezember

Kundgebung vor dem Werkstor des Kaliwerkes mit etwa 5000 Teilnehmern, darunter Kommunalpolitikern, Kirchenvertretern und dem Minister der Staatskanzlei Thüringens.

1993

12. März

Protestkundgebung in Bonn mit rund 1500 Teilnehmern.

7. April

Bei laufender Produktion beginnt die Besetzung des Werkes durch Kumpels rund um die Uhr.

8. April

Gemeinsam mit Bürgermeistern der umliegenden Kommunen wird die Bundesstraße 80 an zwei Stellen blockiert. Flugblätter werden verteilt.

9. April

Karfreitag fahren 175 der rund 700 im Schacht noch Beschäftigten zu einer Kreuzwegandacht unter Tage ein.

11. April

Am Ostersonntag beten die Kumpels in 600 m Tiefe bei einem ökumenischen Gottesdienst um den Erhalt ihrer Arbeitsplätze.

16. April

Die Belegschaft erzwingt, daß die Goldmann und Sachs Investment Bank die Unterlagen des Schachtes Bischofferode einsehen darf. Die Zahlen sind Voraussetzung für den interessierten Investor Peine, sein Konzept zu erarbeiten und der Treuhand zu unterbreiten.

17. April

Die Bundestagspräsidentin Rita Süßmuth (CDU) besucht den Schacht, spricht auf einer Kundgebung und sichert Unterstützung im Kampf gegen die Stillegung zu.

21. April

Teilnahme von rund 50 Kalikumpels an der Plenarsitzung des Thüringer Landtages. In einem gemeinsamen Antrag aller Fraktionen wird verlangt, den Fusionsvertrag von der Tagesordnung des Treuhandverwaltungsrates am 23. April zu streichen. "Das ist es, was wir wollten", kommentiert der Betriebsratsvorsitzende Brodhun die Entscheidung. Minister Trautvetter (CDU) appelliert an alle Abgeordneten, über ihre Parteien im Verwaltungsrat das Anliegen Thüringens zu unterstützen. Ministerpräsident Vogel (CDU) spricht von "schlechten Erfahrungen bei solchen Abstimmungen". Der CDU-Abgeordnete Primas nennt den Fusionsvertrag einen "Super-Deal der Salz- und Treuhand-Mafia".

23. April

Protestkundgebung in Düsseldorf, nachdem der Treuhand-verwaltungsrat die Fusion bestätigt hat.

27. April

Das ZDF-Morgenmagazin überträgt vom Werkstor einen Situationsbericht zur Besetzung. Erstmals stellt sich die Firma Peine als interessierter Investor vor. Anschließend fährt ein Autokonvoi von 120 Fahrzeugen mit 300 Kalikumpeln zur Aktionärstagung nach Kassel, um ihren Unmut über die geplante Fusion zum Ausdruck zu bringen.

1. Mai

Kundgebung in Teistungen an der ehemaligen deutsch-deutschen Grenze. 4000 Teilnehmer sind dem Aufruf gefolgt. Landrat Heinrich Große erinnerte daran, daß man sich vor drei Jahren an gleicher Stelle getroffen habe, "um zu zeigen, wie es ist, wenn ein ganzes Volk wegläuft und heute sind wir hier, weil wir bleiben wollen." Der stellvertretende Betriebsratsvorsitzende, Gerhard Jüttemann erklärt, die Kumpel wollen verhindern, daß die Politik der Treuhand neue Grenzen in den Köpfen der Menschen aufbaut. Bischof Dr. Joachim Wanke bezeichnet Arbeit als einen Teil der Würde des Menschen und nicht nur Mittel zum Geldverdienen.

17. Mai

Protestkundgebung vor dem Gebäude der Treuhand in Berlin, an der 400 Kalikumpel teilnehmen. In der Menge werden Polizisten in Zivil entdeckt, die zu Gewalttaten provozieren. Da sich von den Treuhand-Oberen zunächst niemand sprechen läßt, blockieren die Kumpel die Kreuzung Leipziger Straße/Otto-Grotewohl-Straße. Das zuständige Treuhand-Vorstandsmitglied Schucht versichert am Nachmittag in einem Gespräch mit dem Betriebsrat, daß das vorliegende Konzept noch einmal eingehend geprüft werde. Vor dem Eingangstor der Treuhand in der Kochstraße kommt es zu Rempeleien. Dabei erkennt ein Kumpel einen Zivilisten wieder, der schon bei der Besetzung der Kreuzung zu Gewalttaten animiert hatte. Als der sich entdeckt fühlt, rettet er sich in die Arme der Polizei, die ihn offiziell in Gewahrsam nimmt. Nicht nur die aus seiner hinteren Gesäßtasche hängenden Handschellen enttarnen ihn als Polizisten. Aus der aufgebrachten

Menge fliegen Getränkedosen und Eier. Als die Treuhand-Präsidentin Birgit Breuel das Gebäude verlassen will, kommt es zu neuen Auseinandersetzungen zwischen Demonstranten und Polizei. Schlagstöcke werden eingesetzt, vier Kundgebungsteilnehmer verhaftet und in die Untersuchungshaftanstalt Moabit gebracht. Sie müssen aufgrund der zunehmenden Proteste der Kumpel noch in der Nacht gegen 2 Uhr wieder freigelassen werden.Der von Journalisten befragte Polizeirat Helmut Bauer - zuständig für den Einsatz vor der Treuhand - behauptete, die Zivilbeamten seien "zufällig" am Gebäude der Treuhand vorbeigefahren. Den Zwischenfall nannte er einen "Einzelfall", den er sich nicht "gewünscht" habe.

9. Juni

Der Treuhandausschuß des Bundestages tagt in Bitterfeld und befaßt sich mit der Situation in der Kali-Industrie. 100 Frauen und Kinder von Kalikumpels demonstrieren vor dem Tagungsgebäude. Nach Aussage des stellvertretenden Ausschußvorsitzenden Wieland Sorge (SPD) habe man einen Zwischenbericht des Bundesfinanzministeriums entgegengenommen.

In Bischofferode beteiligen sich an der Gruben- und Werksbesetzung Abgeordnete aller Fraktionen des Thüringer Landtags und Vertreter der Kommunen des Landkreises Worbis. Auch eine Abordnung von Stahlwerkern aus Rheinhausen nimmt an der Besetzung teil. "Enttäuscht sind wir nur über das Fernbleiben des Ministerpräsidenten", erklärt Gerhard Jüttemann.Ein ökumenischer Gottesdienst unter Teilnahme von Probst Dr. Falcke und Probst Kockelmann beendet den Tag.

19. Juni

Vertreter des Betriebsrates nehmen an der 3. Konferenz ostdeutscher Betriebsräte in Berlin teil.

23. Juni

Kalikumpels demonstrieren Solidarität mit der Belegschaft der Deutschen Seerederei vor dem Schweriner Landtag.

28. Juni

Der Minister der Thüringer Staatskanzlei, Andreas Trautvetter (CDU), teilt mit, daß unabhängige Gutachten des Bundesfinanzministeriums und der Treuhandanstalt die Chance für eine separate Privatisierung durch den Unternehmer Peine als "nicht tragfähig" bezeichnet haben. Die Gutachten waren erst nach massiven Forderungen der Belegschaft und der Landesregierung in Auftrag gegeben worden.

29. Juni

Führende Vertreter der katholischen und der evangelischen Kirchen in Magdeburg und Erfurt haben sich in Briefen an Bundeskanzler Kohl und Frau Breuel für den Erhalt der Grube in Bischofferode eingesetzt.

1. Juli

In der entscheidenden Sitzung des Treuhandausschusses des Bundestages stimmen alle CDU-Abgeordneten außer Udo Haschke, die SPD-Abgeordneten außer Wieland Sorge und dem einzigen PDS-Abgeordneten Fritz Schumann für die Fusion. Sorge: "Mir konnte nicht überzeugend dargelegt werden, daß das Konzept des Investors Peine die Grundlagen des Fusionsvertrages gefährdet."

Ministerpräsident Vogel: " Ich bin zornig darüber, daß man gegen eine geschlossene Front von Leuten, die nicht zuhören können, sondern die sich ein Ziel gesetzt haben, nichts erreichen kann."

Die Fraktion LL/PDS im Thüringer Landtag nennt die Entscheidung einen "politischen Skandal."

Die Treuhand empfiehlt der in Bischofferode verbliebenen Belegschaft, der Fusion zuzustimmen. Zwölf Kumpel treten in Hungerstreik. Bürgermeister Lintzel ruft Kommunen auf, die Verwaltungen im Eichsfeld zu schließen.

2. Juli

Die Zahl der Hungerstreikenden erhöht sich auf 23.

Kommunen im Eichsfeld-Südharz und Worbis werden symbolisch geschlossen.

4. Juli

Die Zahl der Hungerstreikenden erhöht sich auf über 40. Die ersten Politiker, die sich daran beteiligen, sind der Vorsitzende der Fraktion LL/PDS, der parteilose Roland Hahnemann und der Regionalsekretär der CDA Thomas Heddergott.

6. Juli

Vor dem Kaliwerk ist für diesen Tag eine Schülerdemonstration angekündigt. Sie wird mit einer Bombendrohung beantwortet, die im Aussiedlerheim eingeht.

7. Juli

Bischofferode ist endgültig ein Dauerthema für die Medien. Der Kampf der Kalikumpel ist nicht mehr zu verschweigen. Der Mitteldeutsche Rundfunk überträgt Live vom Werkseingang.

Einwohner der umliegenden Orte und eine Abordnung aus dem Aussiedlerheim demonstrieren Solidarität. Der Wirtschaftsminister der Thüringer Landesregierung Bohn spürt den Unmut der Belegschaft.

8. Juli

Solidaritätsbekundung einer Abordnung des Kaliwerkes Bischofferode bei den Arbeitern der Thüringer Faser AG Schwarza in Rudolstadt. Dabei wird eine Geldspende in Höhe von 986 DM für Bischofferode übergeben.

Die Zeitung "Thüringer Allgemeine" über den Besuch des Kreistagspräsidenten Erwin Hunold (CDU): "Kaum hatte er Zweifel an der Möglichkeit zur Privatisierung des Werkes geäußert, sah er sich auch schon vor das Werkstor gesetzt:"

Wenig später landet der thüringische Ministerpräsident, Dr. Bernhard Vogel, in einem Polizeihubschrauber in Bischofferode, verzichtet jedoch auf eine Diskussion mit den Kumpels und begibt sich zu den Hungerstreikenden. Er fordert sie auf, ihre Aktion zu beenden. Seine Begründung, man brauche für den Aufbau gesunde Männer, wird mit Gelächter quittiert. Die Liege, die man für Vogel im Saal der Hungerstreikenden reserviert hat, bleibt unbenutzt. Brodhun zu dem Vorschlag Vogels, ein Industriegelände zu schaffen,: "Solange wir Kali produzieren, brauchen wir keine Alternativen."

10. Juli

Aktionstag gegen die Werksschließung, an dem mehr als 5.000 Menschen teilnehmen, darunter Belegschaftsvertreter aus rund 40 Betrieben aus Ost- und Westdeutschland.

Die Oppositionsfraktionen des Thüringer Landtages erzwingen eine Sondersitzung. Vor der Tür demonstrieren rund tausend Menschen.

Erneut werden von den Demonstranten Polizisten in Zivil enttarnt, die nach Aussagen mehrerer Augenzeugen zu Gewaltakten aufgerufen hatten. Unter dem Druck der Demonstranten muß der thüringische Innenminister Franz Schuster (CDU) die Sitzung verlassen und vor dem Landtag erscheinen. Er versichert, daß keine Polizisten in Zivil im Einsatz gewesen seien. Später muß er diese Falschaussage korrigieren und sagt zu, daß künftig keine Polizisten in Zivil mehr eingesetzt werden. Als Demonstranten zu rufen beginnen: "Stasi raus!" starten Fernsehreporter den Versuch, den Demonstranten zu unterstellen, sie hätten unter den Polizisten ehemalige Angehörige der Stasi erkannt. Innenminister Schuster - von den Korrespondenten dazu befragt - versichert, Untersuchungen einleiten zu wollen. Am Abend wird die Stasi-Version von den Medien aufgegeben.

Die Demonstranten verfolgen die Landtagsdebatte an Autoradios.

Ein Antrag der Fraktion Linke Liste/PDS, in dem die Landesregierung aufgefordert wird, alles zu unternehmen, um die Fusion zu verhindern, wird niedergestimmt, aber dann erreicht ein fast gleichlautender Antrag der SPD die Mehrheit: 39 Ja-Stimmen, 37 Nein-Stimmen, 6 Enthaltungen. Zum ersten Mal in der zweieinhalbjährigen Geschichte des Thüringer Landtags hat sich die Opposition durchgesetzt! In dem Beschluß wird die Landesregierung aufgefordert, "die Bundesregierung zu veranlassen, alle ihr zur Verfügung stehenden rechtlichen und politischen Möglichkeiten auszuschöpfen, den Kalifusionsvertrag in der derzeitigen inhaltlichen Fassung rückgängig zu machen oder so zu verändern, daß der Kalistandort Bischofferode gesichert" wird und zu prüfen, ob "die Treuhand auf dem Wege einer Klage zu veranlassen (ist), den Fusionsvertrag zu revidieren, wenn alle Bemühungen zu keinem positiven Ergebnis führen."

Die Regierungskoalition (CDU/FDP) bringt postwendend einen Antrag ein, in dem gefordert wird, "eine zeitliche

Streckung der Umstrukturierung des Kaliwerkes Bischofferode um mindestens ein Jahr zu erreichen" sowie
"unverzüglich eine Entwicklungsgesellschaft für die Kaliregion
in Nordthüringen" zu gründen. Der Antrag erhält die Mehrheit
und hebt faktisch den der Opposition auf.

Ministerpräsident Bernhard Vogel (CDU) erklärt in der De-
batte: "Es geht nicht an, daß mit Mitteln der Treuhandbetriebe
im Westen saniert werden." Damit bestätigt er faktisch, was
der Betriebsrat von Bischofferode seit langem erklärt hat: Die
Fusion verfolgt einzig das Ziel, Schächte in den alten Ländern
zu retten und zu sanieren.

Mit Tränen in den Augen stimmen die Kumpel ihre Eichs-
feld-Hymne an: " Schlägt die letzte Stunde, es sei auf Eichs-
felds Grunde!"

Zur gleichen Stunde wollen 87 Bürgermeister und Kali-
Kumpel in Bonn mit Bundeskanzler Kohl die entstandene Lage erörtern und ihre Forderungen vortragen. 72 werden zu
dem Gespräch mit Kanzleramtsminister Bohl nicht zugelas-
sen. Vom Kanzler heißt es, er habe kurz "hereingeschaut".
Der Betriebsratsvorsitzende Heiner Brodhun macht anschließend vor der Presse aus seiner Enttäuschung kein Hehl. Er
sei nun zum sechstenmal in Bonn, obendrein dreimal bei der
Treuhand gewesen. Nirgends habe man ihm seine Fragen
beantwortet. So habe ihm zum Beispiel niemand konkret sagen können, warum Bischofferode geschlossen werde und
wer die Lieferungen des Schachtes an die zahlreichen Kunden in aller Welt übernimmt.

Die Bürgermeister werden von der Bundestagspräsidentin
Rita Süßmuth empfangen, die sie "ermutigt". Am Abend teilt
Regierungssprecher Vogel mit, daß die Bundesregierung für
zwei Jahre Ersatzarbeitsplätze für die 700 Kumpel angeboten
habe. Unklar bleibt, woher die Bundesregierung die Arbeitsplätze nehmen will. Ausländische Beobachter in Bonn werten
das Angebot, als "unübersehbares Zeichen der Betroffenheit".

15. Juli

Die Fraktion LL/PDS richtet an den Thüringer Ministerpräsidenten einen offenen Brief, in dem kritisiert wird, daß es
nicht gelungen sei, einen von "allen Fraktionen gemeinsam
getragenen Antrag zu erarbeiten." Die ersten Entscheidungen

der Landesregierung ließen erkennen, daß man die Mehrheitsentscheidung für den SPD-Antrag mißachtend, "die Tatsache der Schließung akzeptiert" hat.

16.Juli

Die Belegschaft entscheidet per Urabstimmung über die Fortsetzung des Arbeitskampfes. Das Ergebnis: 535 dafür, 50 dagegen, 3 ungültige Stimmen. Gisela Bernd schließt sich als erste Frau dem Hungerstreik ihres Mannes an.

17. Juli

Bereits fünf Frauen im Hungerstreik! Aktionstag mit mehr als 2000 Teilnehmern, darunter Unternehmern aus dem Ost- und Westeichsfeld, die sich solidarisch erklären.

Die Landesregierung läßt nach einer Kabinettssitzung mitteilen, Ministerpräsident Vogel gehe noch über das Angebot Bonns hinaus und biete Arbeitsplatzgarantien über 1995 hinaus.

Die IG Bergbau und Energie finanziert eine Anzeigenkampagne mit ganzseitigen Annoncen. Überschrift: "Hungerstreik jetzt beenden - Erkämpftes nicht gefährden!" Kommentar des stellvertretenden Betriebsratsvorsitzenden Jüttemann: "Die hätten das Geld dafür lieber in die Hungerstreikkasse tun sollen. Wir machen weiter."

19. Juli

Sprecher der Europäischen Gemeinschaft in Brüssel teilen mit, daß die kartellrechtliche Prüfung der Kalifusion vier Wochen dauern werde. Mit einem Ergebnis sei nicht vor Mitte August zu rechnen.

Zwei Hungerstreikende müssen auf Anraten des Arztes die Aktion abbrechen. Von den zwölf Kumpel, die am 1. Juli in Hungerstreik traten, sind noch zwei dabei.

In Bonn betont Regierungssprecher Vogel, daß Kanzler Kohl sich für die zugesagten Arbeitsplätze verbürge und verweist darauf, daß dies mehr sei, als bisher in vergleichbaren Fällen getan wurde. Beobachter wollen erfahren haben, daß man in Führungskreisen der CDU Bischofferode als ernste Gefahr betrachte, weshalb Kohl die Angelegenheit zur "Chefsache" gemacht habe.

Thüringens Justizminister Jentsch bestätigt, daß niemand den Fusionsvertrag kenne.

22. Juli

Verhandlungen in Bonn. Kanzleramtsminister Bohl konferiert erneut mit einer Delegation aus Bischofferode. Als der Betriebsratsvorsitzende Heiner Brodhun hinterher von Journalisten um eine Erklärung gebeten wird, mischt sich Bohl ein und behauptet, Brodhun sei außerstande, die Situation zu übersehen.

23. Juli

Auf einer Belegschaftsversammlung in Bischofferode wird zu einem bundesweiten Solidaritätstag am 1. August aufgerufen. An Beschäftigte in Ost und West wird appelliert, ebenfalls in Hungerstreik zu treten. "Bischofferode benötigt von draußen Hilfe", heißt es in dem Aufruf.

Die thüringische Landesregierung teilt mit, daß sie in Worbis die Entwicklungsgesellschaft Südharz-Kyffhäuser gegründet hat, die die Arbeitsplatzzusagen für die Kalikumpels realisieren soll. Ministerpräsident Vogel teilt mit, daß es über die 700 Arbeitsplätze hinaus keine weiteren Zusagen geben wird.

In Bonn nennt Otto Graf Lambsdorff das Angebot Vogels ein "fruchtloses Unterfangen".

Finanzminister Waigel deutet zum ersten Mal seine drastischen Einsparungen bei Sozialleistungen an. Kritiker - so hört man - belehrt er: Stimmen für uns können wir nur von denen erwarten, die noch Arbeit haben...

29. Juli

Die Zentrale der IG Bergbau und Energie in Bochum verschickt "Argumentationshilfen sowie eine Zusammenstellung wesentlicher Informationen zu den Vorgängen in Bischofferode", in denen es heißt: "Mit Befremden beobachten wir seit einiger Zeit, daß die Aktionen der Bischofferoder zunehmend von politisch fragwürdigen Gruppierungen, wie PDS, Komitee für Gerechtigkeit und Ostdeutsche Betriebsräte-Initiative, unterstützt und beeinflußt werden, die damit eigene Zielsetzungen verfolgen. Daß von dieser Seite unverschämte Angriffe gegen die IG Bergbau und Energie vorgetragen werden, kann nicht verwundern. Dieser politische 'Mißbrauch' von Bischofferode dürfte sich auch für die Lösung des Konflikts als höchst schädlich erweisen. Wir würden Euch daher dringend bitten, dafür Sorge zu tragen, daß unsere Kolleginnen und Kollegen, aber auch Mitglieder anderer DGB-Gewerkschaften möglichst nicht an den Veranstaltungen der nächsten Tage teilnehmen. Dies gilt ganz besonders auch für den internationalen Solidaritätstag am 1. August."

1. August

Rund 10 000 Demonstranten kommen mit Autobussen und PKW aus allen Teilen der alten und neuen Bundesländer nach Bischofferode zum Solidaritätstag, der mit einem Gottesdienst vor dem Schachteingang eröffnet wird.

Mitglieder von Betriebsräten aus 200 deutschen Unternehmen sind unter den Teilnehmern. Gewerkschafter aus Belgien, Frankreich und der Ukraine stehen auf der Rednerliste, aber nur 25 Redner können zu Wort kommen.

Der stellvertretende SPD-Vorsitzende Thierse versichert, daß sich seine Partei für eine Revision des Fusionsvertrages einsetzen werden. Er erntet Pfiffe. Die IG Bergbau und Energie läßt am nächsten Tag verlauten: "Herr Thierse vertritt sicher nicht die offizielle Auffassung der SPD"

2. August

Der elfte Hungerstreikende wird ins Krankenhaus eingeliefert. Diagnose: Kreislaufversagen. Fünf Frauen und zwanzig Männer sind noch am Hungerstreik beteiligt.

Die Gesamtbetriebsräte der Mitteldeutschen Kali AG Sondershausen und der Kasseler Kali + Salz fordern die Kumpel von Bischofferode auf, ihren Kampf einzustellen und behaupten: "Wir sehen keine Alternative zur Fusion, weil nur so 7500 Arbeitsplätze in ganz Deutschland gesichert werden können."

Die Fraktion LL/PDS im Thüringer Landtag fordert eine Sondersitzung, in deren Verlauf die Regierung berichten soll, was sie bisher unternommen hat, um den Landtagsbeschluß zum Erhalt der Kaligrube zu realisieren.

3. August

Die Geschäftsführung der Mitteldeutschen Kali AG droht, die Besetzung des Schachtes am 23. August notfalls gewaltsam zu beenden.

8. August

Spenden in Höhe von 300 000 DM gingen bisher aus ganz Deutschland in Bischofferode ein.

Vorwürfe des Kali-Vorstandes, durch die Werksbesetzung würden Sicherheitsbestimmungen verletzt, beantworten die Kumpel damit, daß sie einen Anwalt mit der Wahrung ihrer Interessen beauftragen.

Fünfzehn Männer und vier Frauen befinden sich noch im Hungerstreik.

9. August

Treuhandanstalt und Thüringer Umweltministerium widersprechen Darstellungen einiger Medien, wonach Bischofferode als Mülldeponie benutzt werden soll. Zugegeben wird jedoch, daß in der südthüringischen Grube Unterbreizbach bereits Rückstände der Klärschlammverbrennung der BASF eingelagert wird.

10. August

Das SPD-Parteivorstandsmitglied Egon Bahr besucht Bischofferode und erklärt hinterher gegenüber Journalisten, man sei beim Fusionsvertrag "zu schematisch vorgegangen."

11. August

In Halle treffen sich Vertreter der Kumpel von Bischofferode und des Vorstands der MDK. Als Vermittler fungiert der Präsident des Landesarbeitsamtes Heß. Eines der Themen: Der Sozialplan. Nach vier Stunden wird das Treffen ohne Ergebnis vertagt. Der Kali-Vorstandssprecher Friedhelm Teusch lehnte jede Erklärung ab.

In Bischofferode gehen weitere Zusagen von Künstlern für den Aktionstag am 21. August ein.

12. August

Beratung zwischen Betriebsrat und Landesregierung in Worbis. Das Gespräch wird von beiden Seiten als "konstruktiv" bezeichnet.

In Kassel bildet sich ein Unterstützungskomitee für Bischofferode.

Das Angebot des Bundeswirtschaftsministers, ein Anwalt, der das Vertrauen der Bergleute genießt, könne Einsicht in den Fusionsvertrag nehmen, beantworten die Kumpel mit der Nominierung der Rechtsanwälte Dr. Gregor Gysi und Ruth Martin.

13. August

Der Betriebsrat fordert, die versprochenen Arbeitsplätze schriftlich zu garantieren, damit sie jederzeit "einklagbar" sind.

16.August

Die EG-Kommission in Brüssel nennt den Fusionsvertrag "bedenklich" und ordnet eine gründliche Überprüfung an. Mit der Verkündung des Resultats ist nicht vor Ende des Jahres zu rechnen. Die Kumpels in Bischofferode schreiben einen Offenen Brief an ihre Kollegen.

18.August

Ultimaten erreichen Bischofferode aus den Chefetagen der Treuhandanstalt und dert Kali AG. Frau Breuel berief sich auf bergrechtliche Vorschriften", die verletzt würden ,wenn das Werk weiter besetzt bliebe.

19. August

Einstimmig beschließen die Kumpels, ihren Arbeitskampf fortzusetzen!

21. August

Mehr als 5000 kommen zum zweiten Aktionstag und ermuntern die Kumpels, ihren Protest fortzusetzen. Unter den zahlreichen Rednern sind der erste frei gewählte - und dann vom Berliner Senat "entlassene" - Rektor der Humboldt-Universität, Prof. Heinrich Fink, die Schauspielerin Käthe Reichel, Bärbel Bohley, Gregor Gysi. Der Bundestagsabgeordnete kündigt eine neue Intervention der PDS im Parlament an und hofft darauf, daß die SPD diesmal den Antrag unterstützt.

Der Betriebsratsvorsitzende Brodhun plädiert für den Abbruch des Hungerstreiks. Ein Teilnehmer der Aktion verkündet, daß er weiter hungern werde. Es ist kaum zu überhören, daß der Betriebsrat nicht mehr in allen Punkten einer Meinung ist. Worte wie "Verräter" und "Leute von außen, die ihre verlorene Revolution auf dem Rücken der Bischofferoder noch einmal verlieren wollen" sollen gefallen sein.

23. August

Die Kaliförderung wird nach dreiwöchigen Betriebsferien wieder aufgenommen. Der Betriebsratsvorsitzende Brodhun erklärt nach einer mehrstündigen Sitzung des Betriebsrates, entgegen anderslautender Meldungen, im Amt zu bleiben. Das wurde am Ende einer vierstündigen Krisensitzung bekannt, bei der es auch um die Rücktrittsabsichten Brodhuns gegangen war. "Nach Klärung von Mißverständnissen haben wir Brodhun gebeten, sein Amt nicht niederzulegen", erklärte Betriebsrat Hanno Rybicki. "Nach wie vor kämpft der gesamte Betriebsrat um den Erhalt des Kalistandortes."

25. August

Im großen Audienzsaal seiner Sommerresidenz grüßt der Papst vor 6000 Menschen während einer Messe, die Kumpel aus Bischofferode, die sich an ihn um Hilfe gewandt haben: "Ein besonderer Gruß geht an die Pilger aus Bischofferode, mit denen mich der aufrichtige Wunsch verbindet, daß die derzeitigen sozialen Probleme in ihrer Region in solidarischem Verantwortungsbewußtsein gelöst werden mögen."

Frau Breuel läßt einen Antwortbrief an die Schauspielerin Käthe Reichel veröffentlichen (Auszug aus dem Text des Reichel-Briefes im Kapitel "Zitate") und behauptet, niemand habe 1989 gewußt, wie "schlecht es um die Wirtschaft der DDR steht". Mit keiner Silbe geht sie jedoch auf den Kaliifusionsvertrag ein, und erklärt, warum der genau so geheimgehalten wird, wie damals die Wirtschaftslage der DDR.

EIN KLEINER ORT

Ein kleiner Ort, fast unbekannt,
liegt dicht bei uns, in unserm Land,
ein kleines Nest, das Bergleute hat,
Bischofferode, Heldenstadt.
Die Kumpel woll'n Arbeit, wollen ihr Recht,
doch wenn sie nicht kämpfen, geht's ihnen schlecht.
Sie woll'n nicht Almosen, sie wollen nur Lohn
und keinesfalls leben in toter Region.
Darum sagt selbst der Jüngste schon:
Hilf Dir selbst, dann bist Du Gottes Sohn,
denn Theo, der Finanzminister,
zieht jetzt schon sämtliche Register
einzusparen, ohne Erbarmen,
nicht bei den Reichen, nur bei den Armen.
Auch Treuhand-Chefin, Birgit Breuel,
zeigt sich dabei als wahres Greuel,
wo die Frau ihres Amtes waltet,
ist menschliche Wärme ausgeschaltet,
mit Willenskraft und Korpulenz
beseitigt sie östliche Konkurrenz,
denn hinter ihr, dort steht nun mal
der eiserne Wille vom Großkapital.
In dieser Zeit tut es so gut,
zu seh'n des Kali-Kumpels Mut.
Selbst wenn der Kampf Erfolg nicht hat -
Bischofferode, Heldenstadt.

*Dieses Gedicht schrieb die 17jährige Schülerin Anja Marx,
die in Nordhausen eine 11. Klasse besucht und schickte es
nach Bischofferode.*

I n h a l t: